アメリカ・宗教・戦争

西谷修・鵜飼哲・宇野邦一

NISHITANI Osamu

UKAI Satoshi

UNO Kuniichi

せりか書房

アメリカ・宗教・戦争

目次

Ⅰ

Ⅱ

Ⅲ

I

1 はじめに——9・11以降の状況

西谷　私と鵜飼さんは、以前に港千尋さんと三人で討議をして『原理主義とは何か』*という本にまとめたことがあります。そのときの中心テーマだったことが、最近の世界の大きな転回に結びついていたわけですが、今回、せりか書房からの提案で、今度は宇野さんを交えて少し違う構えで二〇〇一年秋以降の世界の問題や、そこにはらまれる思想的な課題について考えてみようということです。三人だという利点を生かして、話はそれぞれの着想や観点から広げていただくとして、ついでに、現代の世界についての考えるのに重要な、あるいは手がかりになる本について言及し、読書案内のような一面ももたせることができたら、というのが編集部から要望です。

＊西谷修、鵜飼哲、港千尋『原理主義とは何か』（河出書房新社、1996）

アフガニスタン攻撃が一段落して以来、いつの間にか次はイラクだということになって、9・11には直接関わりのないイラクのフセイン体制を「除去」することが、世界の緊急課題のように語られています。というより、それが今すぐにやらないと世界が危険だといったキャンペーンが張られて、世界の耳目はそこに釘付けになっています。しかしどう考えても、最大の大量破壊兵器を持ち、それを使うと公言しているのはアメリカであって、アメリカは自分が使うのだけは正義だと思い込んでいるようですから、これは手のつけようがない。今、世界の世論はほとんどイラク攻撃に納得していないと思いますが、それでもアメリカはやるつもりでいる。国連の査察云々と言いますが、生物兵器や化学兵器でも国連はまずアメリカを査察しなければいけない。ところがアメリカは圧倒的な軍事大国だからそれはできないことになっている。

となると、世界に道理が立たない第一の原因はどうみてもアメリカです。だから、二一世紀初頭の世界が直面させられているもっとも大きな問題は、イラク問題でも北朝鮮問題でもなく「アメリカ問題」でしょう。それが意識されないのはアメリカ国内かアメリカ化された頭のなかでだけであって、世界中どこでもアメリカ以外では、プードル犬と言われるイギリス首相にとってさえそうでしょう。つまりアメリカをどうするか、ということに腐心しているわけです。そして思想的な現象でいえば、ネグリとハートの『帝国』*という本が注目を集めるのも——もちろんこのタイトルはアメリカという国家を指しているのではない、ということに注意しておかねばなりませんが——、この本がアメリカ的世界秩序をどう捉え返すかという課題に相当刺激的な観点を呈示しているからでしょう。

ちょっと状況的になりすぎましたが、そんなところから話を進めていきたいと思います。

鵜飼　いま、アメリカをどうするのか、という問題を考えようとすれば、アメリカとプロテスタンティズムのキリスト教という問題をはずしては考えられない。しかし、若い人たちからそのとき返ってくる典型的な質問は、「でも、キリスト教とかいっても、アメリカは物質的な利害で動いているんじゃないんですか」というものです。そういう質問が出るのは、こちらが前提にしている根本的な認識が共有されていないためです。それは「ユダヤ・キリスト教的な考え方によれば、この地球をはじめ、宇宙全

*アントニオ・ネグリ、マイケル・ハート『帝国』(水嶋一憲・酒井隆史・浜邦彦・吉田俊実訳、以文社、2003)、本書七二ページ以下参照。

体は神が創造したものであって、我々の身体や生命まで含めて、我々のものじゃない」ということですね。いわんやサウジアラビアやイラクといった国土の地下に眠っている地下資源が、たまたまその地上にいる人たちに属しているなどとは、考えていません。神が創造したものである以上その神にいちばんふさわしい人々に使う権利があると、かつてキリスト教ヨーロッパの植民地主義者は考えたし、現在のアメリカの指導者もそう考えているわけです。七〇年代のアラブの石油戦略によって世界の資本主義が危機に陥って以来、二度とそういうことが起きないようにするために、アメリカはあらゆる手をうってきました。その集大成が湾岸戦争です。

湾岸戦争は、一言で言うと、一石二鳥ならぬ一石六鳥の利益をアメリカに与えました。順不同で言えば、まず一点目がベトナム戦争で失った名誉を回復すること。次にはどこかで勝ちたかったということですね。二点目がイラン革命で失った中東への軍事的プレゼンスを回復すること。これはやっぱり大きかったと思うんです。それを通じてサウジアラビアとクウェートの保護国として石油を確保すること、これが三点目ですね。四点目がイスラエル・パレスチナ紛争にアメリカ主導の解決策を押しつけること。五点目が、これは結果的な問題ですけれども、中東は地政学的にソ連にとっても非常に重要な地域だったわけだから、イラクの同盟国であったソ連に手を出させずに、アメリカが戦争をやりきったということ。これは結果的に翌年のソ連の崩壊につながった。最後の六点目が、ヨーロッパと日本をアメリカの軍事的なヘゲモニーのもとに引きつけること。この一石六鳥の利益を湾岸戦争はアメリカにもたらしたし、そのほとんどは、計算ずくでやったことだろうと思います。この背景には、神に選ばれた国であるアメリカに世界中の資源を使用する権利があるし、それは道徳的に正しいことだ、という確信がある。ですから抽象的な資本主義あるいは一定のエートスの問題だけではなくて、地球上の資源を含めた、ひとつの資本主義的な欲望のあり方として、アメリカ、そしてプロテスタンティズムのキリスト教と資本主義の間にある切っても切れない関係を無視することはできません。

その一方で、「二〇〇一年のアメリカは、一九四三年のソビボール*のユダヤ人抵抗と同じ戦いを闘っているのだ」と極限的な暴言をはく人が出てき

*ソビボール＝ポーランドのブーク川沿いにあったナチの絶滅収容所。一九四三年一〇月一四日、収容所内で蜂起が起きた。ランズマンは『ショアー』で使われなかったフィルムから蜂起に加わった人へのインタビューを集め、映画『ソビボール、一九四三年一〇月一四日、一六時』（2001）を製作した。

ています。ほかならぬ『ショアー』*の監督クロード・ランズマン*ですが、ここには相当の問題が集約されているし、どうしたらここまで思想が倒錯しうるのかを考えてみたい。この背景には、第二次世界大戦の決着の付け方という問題がある。それはニュールンベルグ裁判、東京裁判の精神のなかにも表われている、「人道に反する罪」という言葉で集約できるような考え方、具体的に言えば、日本軍国主義もさることながら、ナチスドイツをいわば「絶対悪」と想定する考え方ですね。ここから二つ、一見よく似ているんだけれども、正反対の方向に伸びていく考え方がある。

　一つは、「ナチがやったこともしくはそれに近いことは、今後人類の共同生活のルールとしては許されるべきではない」という考え方。この考え方にそって戦後、戦勝国側にもぞくぞくとナチに近いものが発見された。それは英仏を中心とした植民地支配であり、アメリカの黒人差別であり、南アフリカのアパルトヘイト体制です。アパルトヘイトは七〇年代に人道に反する罪として国連で認められ、その後十数年の闘いをへて、解体されていくというプロセスに我々は立ち会いました。

　もう一つは、「ナチスと同じでなければ何をしてもいい」という考え方。

*『ショアー（SHOAH）』＝クロード・ランズマン製作・監督のフランス映画（1985）。一九三九年に始まったナチス・ドイツのユダヤ人に対する大虐殺を、強制収容所から生還したユダヤ人収容者だけでなく、加害者の元ゲシュタポや収容所周辺のポーランド人などへのインタビューによって記録したドキュメンタリー映画。

*クロード・ランズマン（Claude Lanzmann, 1925-）＝高校時代にレジスタンス運動に参加。戦後、ベルリン大学講師を経て、サルトルの創刊した『現代』誌に関わり、現在も映画製作とともに、『現代（レ・タン・モデルヌ）』の編集長を務めている。

とりわけナチの犠牲者であったユダヤ人であれば、「ナチには核兵器がなかったから、核兵器を使ってもいい」ということまで含まれます。今でもイスラエルとナチズムを比較するような議論が出ると、シオニストのユダヤ人から出てくる最初の反応は、「どこにガス室があるんだ」ということですね。つまり「ガス室さえなければ、なにをしてもいい」と言わんばかりのことを言う。

戦後秩序の「約束事」に違反するようなことを、第二次大戦の戦勝国、あるいはその反省にたってつくられたはずのイスラエルのような国が、どんどんやってしまう。もう9・11以後は、アメリカが先頭にたってムスリムを公然と虐殺しているわけですから、「偉そうなことを言ってた連中はみんな同じことをやってるじゃないか」というわけで極右が出てくる。ルペン*の支持者たちからすれば、「どうしてルペンだと言うだけでだめで、連中が実際やるのは許されるのだ」ということになるわけで、あっという間にヨーロッパ全域に「極右」——戦後の「約束事」を破る人たちのことを「極右」と呼ぶとして——が再び頭をもたげてくる。まあ、これは簡単なメカニズムで起きていることだと思います。その中心にイスラエルという国

＊ルペン（Jean-Marie Le Pen, 1928-）＝フランスの政治家、一九五六年に国民議会（下院）初当選後、七二年に極右の「国民戦線」を結成。パリ市議会議員、欧州議会議員などを歴任。

のあり方があって、そのことは中東という一地域の問題じゃなくて、もはや人類の課題ですね。要するに、アメリカをどうしたらいいのかということと、イスラエルをどう考えるかということもまた切り離せない問題になってしまっている。ここを出発点にして考えてみたいと思います。

アメリカ社会の復元装置と「歴史の抹消」

西谷　鵜飼さんがはじめに言われた、我々にとって自明なことが、若い人たちにとって自明でなくなっているということは、ほんとうにいろんなところで感じます。何かが継承されなくなっているんですね。そしてそれを助長する傾向がある。例えば、9・11以降のアメリカの対応を見たときに、ある親米的な政治学者などは、「アメリカは一枚岩じゃないから、決めつけるのは良くない。ブッシュ政権だって揺れている。アメリカにはいろんな勢力があるから、そのうち舵を取る。復元装置がアメリカ社会のなかにはあるんだ」というようなことを言うわけですね。

たしかに、アメリカというのは一つの国でありながら、世界中から迫害された人とか、追放された人とか、食えなくなった人たちが、あちこちからやってきて、生活してるから、そこにすでに世界があるようなものです。そこではあらゆる人たちが差異を前提にして生きているから、あらゆる人にチャンスがある、そういう自由の天地だと思われている。だからこそ、その自由なアメリカが、外敵に対して自分たちを守ろうとするときには、「この自由を守るために」というふうに、星条旗のもとに一丸となって外に対して攻撃的になる。自分たちが正しいというのがあらかじめ正当化されているわけですね。そういうメカニズムがアメリカのなかにある以上、そのなかで復元装置が働くといっても、その装置が働く前に、何万人が殺され、大勢の人の住むところが、社会がめちゃくちゃにされるということに対してあまりに無感覚です。

その復元装置というものについても、例えば「ベトナム戦争でも、結局アメリカ社会にはブレーキがかかったじゃないか」というような言い方をするけど、9・11以降の状況を見ていて我々が危惧するのは、「ベトナム戦争も忘れることができる」ということ、そして「公民権運動だって元の木阿弥にできるんだ」ということ、法と秩序によってね。そして逆の意味での復元装置は、アメリカのなかで確実に働いているわけです。ベトナム戦争で失敗したにもかかわらず、というより失敗したから、今度はもっとひどいことを非難されないようにしてやってる。例えば、アフガニスタンの空爆のときに、核こそ使わないけれど、デイジーカッターやサーモバリックといった強力な爆弾で、あっちこっちに「グラウンド・ゼロ」をつくっている。なおかつキューバのグアンタナモ*やパキスタン各地に「見えない収容所」をつくって、タリバンの国際的スポークスマンだった元パキスタン駐在大使のザイーフがグアンタナモで死んでいるけど、どういう死に方をしたかについてはいっさい知らされていない。一国の政府を代表したスポークスマンが理由もなしに、いっさい経緯も明らかにされないまま、そんなところに連れて行かれ、死ななければならないのか、ということに関して抗議の声さえ出ていない。

ここ数十年間、戦後の「人道に対する罪」の話から始まって、難民問題や反アパルトヘイトの運動などを進め、世界を是正してきたのが「人権」という考え方でしたね。「人権」というのは、普通の法秩序のもとで市民生活ができている人にとっては、あえていう必要のないものでしょう。だって、すでに守られているからね。人権が本当に必要なのは、まさに人権を

＊グアンタナモ＝キューバにある米海軍基地。一八九八年の米西戦争でスペインから独立したキューバは、一九〇三年、独立を支援してくれたアメリカに租借を認めた。その後、カストロ政権は返還を要求している。

持たない人たちだったし、だからこそアパルトヘイトが非難され、難民の保護が叫ばれたわけです。難民というのは、どんな国の法システムによっても保護されない人たちで、死んでも記録に残らないし、「死亡」にさえならない、地球上から消えちゃうんですね。そういう状況に人を置いておいてはいけないというのが、人権の思想でしょう。ところがグアンタナモ以降、あるいはタリバン、アルカイダの殲滅以降、「人権が適用されないカテゴリーが人間にはある」ということが、公然とまかり通るようになった。そうすると「この五〇年間、世界が積み重ねてきた努力はいったい何だったんだ」ということを考えさせられる。人権が主張されて、アメリカで黒人が市民権をもつようになったのは、ついこの間のことなんだよね。それからベトナム戦争も、アパルトヘイトの闘いもあったし、人道に関する罪をめぐるいろんな論議もあった。それがここにきて一挙に、「ここ五〇年はこうだったんだよ」とわざわざ説明しなければならないような、ある「歴史の抹消」みたいな状況になってきている。

宇野　その「歴史の抹消」というのは、どういう形で進行したことなんでしょう。たったこの間起きたことじゃないでしょう。テロがきっかけだと思いますか。

西谷　「テロ」そのものではなく、あの事件をきっかけに噴き出してきたのだと思う。もちろんその前から徐々には進んでいたけれども。「テロ」という言葉がうまく機能して、「テロリスト」というレッテルを貼ったら、もう「人権などない」というふうにされ、それが全世界で正当化されて通用するようになったのは、9・11以降ですね。だからこの「抹消」というのは、世代的な問題というよりも、今つくられているある政治状況のひとつの特質だと思います。何かを抹消するっていう。鵜飼さんも指摘していたように、それは基本的には湾岸戦争から徐々に準備されて、とにかくここにきてドラスティックに進行した状況だと思う。

「テロリズム」という言葉

西谷　「テロリズム」という言葉で事態を規定すること自体がすでに罠になっている。「テロリズム」というのは、もともとは権力の統治形態です。フランス革命のときはそうだった。それは文字通り「恐怖の支配」ということで、誰もがそれを非難する。だからそれは政敵を非難する言葉になる。

これが一世紀近くたって反転し、革命運動の側が権力者を恐怖に陥れる戦術として「テロリズム」が使われるようになった。そのとき、既成の権力秩序の側が、自分たちの地位を脅かす敵を法秩序そのものの「敵」として排除するために「テロリスト」というレッテルを使うようになったのです。「法秩序の敵」だから法の内におく必要はない、もともと「無法者」なんだから、ということですね。もちろん法秩序がなければいわゆる「平和」もない。けれどもその秩序が暴力によってしか保たれないとなると、その秩序の方に問題があるわけです。秩序を守る権力の行使がある正当性を逸脱したり、秩序の側のいわゆる合法的な暴力の独占がとんでもない抑圧を生み出すようなときには——まさにそれがイスラエルの場合でしょうが——、その「無法な暴力」に対する反発が噴出する。それは当然ながら非合法の暴力になるわけですが、それが「テロリズム」と呼ばれる。だから「テロリズム」という語は、かならず秩序の側の暴力を正当化することになるんです。

宇野　ジュネが*ドイツ赤軍について言ったことを想い出すんですが、彼は、抵抗の暴力の中身を〈ヴィオランス violence〉と〈ブリュタリテ brutal-

＊ジュネ（Jean Genet, 1910-1986）＝フランスの作家、詩人。パリに私生児として生まれ、盗みや傷害、男娼などを繰り返し投獄されるが、投獄中に書いた詩編や小説を読んだコクトーやサルトルの請願運動によって一九四八年出獄、以後作家生活に入った。パレスチナとの関わりについては、本書八〇ページ参照。

ité〉とにはっきり区別すべきで、「粗暴さ」とでも訳すのでしょうか、〈ブリュタリテ〉は国家権力の暴力であり、〈ヴィオランス〉は国家に内属しない暴力であると言いました。ジュネは「そのようなヴィオランスは火山が爆発するようなものだ」とも言った。そこには合法性の主張はない。「合法性」「非合法性」と言う点は、それ自体限りなく錯綜した問題になるけれども、あえて合法性の領域を拒絶するというテロリズムがまたあるんだと思うね。そして抵抗する側で暴力について、どこまでも正当性を問う思考がなければならない。西谷さんの観点とは少し違うことを言っていますが、テロリズムという問題は、抵抗する側にとっても問題であり続けると思います。

西谷　同じことでしょう。そのときに例えば、「パレスチナにおける抵抗は、民族独立、民族自立のための闘いだから、〝テロ〟じゃないんだ」という言い方をしたってしょうがない。それよりも、その「ブリュタリテ」、権力の側の、つまり法秩序を手中にした側の暴力性が無法な形で行使されるときに、それ自体が暴力を呼び起こさざるを得ない。それが抵抗運動でしょう。

鵜飼　ファノン*の暴力論は、そういうことですね。対抗暴力として吹き出さざるを得ない暴力の政治性を彼は全面的に肯定しました。特にフランスで、9・11以降、アンセキュリテ（危険性）を論ずる文脈で「ヴィオランス」という言葉が使われるときには、「テロリズム」と犯罪を含めて言っている。政治的な背景をもった行動と直接には政治的ではない犯罪が、郊外に住んでいるアラブ系の若者において結びつくという形になっている。

ジュネの場合は、政治的な背景のない犯罪者の世界にも非常に親しく交わった人だから、犯罪とすれすれのところで成立する政治にしか興味がなかった。その一方、例えば9・11のような出来事は「テロリズム」でなく犯罪だと言うだけでも取り込まれてしまう。「テロリズム」という言葉は世界を壊せる言葉です。たんなる言葉ではなく、それ自体が武器だと考える必要がある。

僕はずっと、「テロリズム」という言葉がどう使われるかを注意してきたんだけれども、とくに9・11以降、新しい使われ方が出てきた。例えば、横浜での児童虐待についての国際会議*では、「児童虐待こそ最も卑劣な犯罪であり、犯罪という以上に最悪のテロリズムである」と言われている。つ

＊ファノン（Frantz Fanon,1925-61）＝フランス出身の黒人作家、思想家。白人社会における黒人の現実と心理を描いた『黒い皮膚・白い仮面』（1952、邦訳＝海老坂武・加藤晴久訳、みすずライブラリー、1998）でデビュー。一九五六年からアルジェリア民族解放戦線に参加。植民地秩序こそ暴力であるとし、暴力のみが人間を解放する手段であることを訴えた『地に呪われたる者』（1961、邦訳＝鈴木道彦・浦野衣子訳、みすずライブラリー、1996）を書き残して、アメリカで病死。

＊二〇〇一年一二月「第二回子どもの商業的性的搾取に反対する世界会議」

まり犯罪の最上級としての「テロリズム」……

西谷 だから、犯人の人権など認める必要はないということだね。

鵜飼 そう。だから、「そういうことをする人間はもう法律の枠外である」ということを意味する言葉として、犯罪の最上級として「テロリズム」を使う。一般的な意味では政治的背景はないわけですよ、児童虐待にはね。

西谷 だからね、ブッシュが「我々の側に付くか、テロリストの側に付くか」と威丈高に言った後で、「テロはいけない」と言った人はみんなそれを認めちゃってるわけで……

鵜飼 だから、「テロ」という言葉はよほど注意して使わないといけない。まあ、言及はできるけど、使用はできない言葉だと思う。いつも括弧をつけて語らなければいけない。

アメリカへの抵抗の主体性

宇野 僕は、9・11以降、とくに発言する機会をもたなかったし、しばらく失語症に陥ったという感じがあったんです。あの事件の映像は、「まるで映画じゃないか、しかし映画にしてはひどく悪いできだ」とか言った人もいました。でもやっぱりあの映像は、真の映像として受け取るしかなかったわけです。それはやはり映像固有の問題などではなかった。そこでやはり失語に陥ると同時に、いま二人が言ったような問題をあらためてたどり直して、これをどう解きほぐしていくか、いまでもわからないことだらけです。これは新しい時代の兆候なのか、それともそうではないのかということを、僕はずうっと判断しかねているわけね。いろんな論評を読みましたが、自分の失語状態は解消されていません。

テロリズムの問題としては、自分はテロをまったく否定する論理というものを決して持ち得なかったし、否定するにしても、肯定するにしても、それに対してどういう自分の主体性を設けるかということが、いつも屈折した問題としてあった。例えばジュネのパレスチナへのアンガージュマンに典型的に見られたような、パレスチナの闘いが提出してきた、政治的主体性の問題があったわけですね。

かつてのパレスチナの闘いからみてもかなり飛躍した、非常に強固に原理主義化してきた宗教性と、アメリカ側のやはりある種の宗教性と結びついた国家戦略の間に、極端な緊張状態が生まれたということだと思うんだけども、アメリカを批判するだけでは、その主体性の次元を確かめられない。アメリカに対抗する主体性のありかはどこにありうるかということです。ブッシュのカウボーイ的な英雄主義の背後にはかなり緻密な国家的戦略があるはずで、いわゆるアメリカの「思いあがり」を批判するだけで、それに対抗しうる政治的主体性は確かめられるわけではない。ましてや原理主義的方向において、政治的主体性が確かめられるわけではない。それからタリバンのように教条的な宗教的主体性にも、決して自分は同調できるわけではない。それをある角度から擁護しなければならないという倫理観をもつにしてもね。この事件にいろんな議論や反応が起きて、非常に黒白はっきりした意見がいたるところに出てくるけれども、そのどちらにも、自分の政治的主体性を接続できるわけではない。9・11以前から、アメリカの権力と、アメリカに比べればはるかに弱小であるけれども、世界のあらゆるところでテロリズムという形をとって爆発してきた抵抗勢力というものを、どう読解して、自分がいる場所、自分の政治的主体性に接続できるか、考えるための材料をもらいたいということかな。そういうことを、ずうっと考えて宙ぶらりんになっている。

西谷　私もその「白黒はっきりしたこと」を言い続けているひとりです。私はその「政治的主体性」なんて考えたこともないけれど、いま何か言わなかったら、自分が今まで考えていたこと、よしとしてきたことは何だったんだ、という思いで、今日もここに議論しに来ているわけです。

2 アメリカと国際世界

アメリカの成り立ち

西谷　先ほど鵜飼さんが提出したプロテスタンティズムの問題ですが、これには国家のファウンデーション（定礎）の問題がありますね。ひとつの国家がどういうふうにできるかというと、かならずファウンデーションの言説がいるわけです。アメリカは、近代になってから自然的な素地なしに、成りゆきを政治的に編成するような形ではなく人為的につくられた国ですよね。

鵜飼　「歴史の抹消」はそこから始まったとも言えます。アメリカの本質に含まれている。

西谷 そう、だからそう言ってよければ、きわめて特殊な国です。ある制度を創始するためには、起源をつねに外からもってこないといけないから、アメリカ合衆国はその起源に旧約聖書の神話をもってきた。だからアメリカ国家は、近代国家でありながら、神話的な言説、つまり、古いヨーロッパの支配を逃れた人間が「神に選ばれた者」として、新しく与えられた大地に「新しいイスラエル」を創設するという言説をもとにしてつくりだされた国であって、そのことはアメリカの国家的言説がつくられるたびに強力に反復されてきたわけです。例えば、9・11の一周年式典で朗読されたリンカーンのゲティスバーク演説*がそうですね。それから一九世紀末にアメリカがスペインと初めて戦争するときにも、第一次大戦に参加するときにも、冷戦のときにも、つねにその「神の国の使命」が反復されてきた。そして、今回はそれがもっとも露骨な形で、ブッシュによってまた反復される。アメリカ大統領の演説のなかになぜ神がこれほど出てくるかということですよね。それはブッシュがアル中克服のために神に頼ったからとか、そんなレベルの話ではない。例えば、フランスの政治的な言説には、神は出てこない。フランスの場合は、民定民治の共和国というのを定礎の

*ゲティスバークの演説＝南北戦争中の一八六三年、ペンシルバニア州のゲティスバークで行なわれたリンカーン大統領の演説。自由のためには身を捧げなければならないと強調した。9・11一周年式典でも、パタキ・ニューヨーク州知事によって朗読された。

原理にしているからですが、アメリカはそうじゃないんですね。今のアメリカのバイオテクノロジーの扱いにしても、グローバリゼーションのやり方にしても、どこかでそれに結びついている。聖書の字句と照らし合わせてね。だから科学はあらゆるところでみんなが使えるけれども、それをどのような方向に導くかは、政策とイデオロギーの問題であって、そこでテクノロジーに対する姿勢というのが決定されている。それが宗教に結びついているんですね。

それと当然ながら、その定礎の言説によって、先ほど鵜飼さんが指摘したようにアメリカとイスラエルは、同型のヨーロッパ人による植民国家だということです。イスラエルをつくったユダヤ人は、ほとんど東ヨーロッパも含めたヨーロッパ産だからね。

鵜飼　基本的にはドイツ。プロテスタントの文化からでてきたわけですね。第二次大戦は、最終的にドイツとアメリカの戦争になったわけで、それ自体プロテスタント同士の内戦でした。フランスは結局たいした役割を果たしてない。イタリアはじきに負け、スペインは参加しなかった。カトリックそっちのけでやっていたわけですね。その結果、イスラエルができてきたプロセスというのは、何度でも立ち返って見てみないと。

西谷　それから世界の政治的現象を見ていくときに、起こっている現象がどう正当化されているか、あるいは、その現象にそれぞれの国家を推進している ある集団的な欲望なり、集団的な方向付けの言説を、きちんと分析していく必要があると思いますね。それが重要だということは9・11以降如実に表われてきていると思う。だから「原理主義」として語られてきたことというのは、言ってみれば、そういうことの前哨戦だったような気がします。「宗教」というタームで括ってしまうと、これもまたある種の還元になってしまうけれども、かつて「宗教」として機能していたものが、今どういう形で政治のなかに入っているのか、あるいはそれぞれの政治を構成するファクターを、どのように動かしているのかをはっきり検討しなければならないと思います。

アメリカの政治と宗教

宇野　アメリカの政教分離というのは、どうなっているのか、あらためて問題にするべきでしょう。

西谷　同志社大学の森孝一*さんがいつも強調していますが、アメリカの場合はヨーロッパの政教分離とはだいぶ違っているようです。

ヨーロッパの場合は、宗教戦争がもとになっています。プロテスタント諸派が登場して、カトリックと血で血を洗う争いになって、それが百年も続いた。だからもう、信仰は基本的に個人の内面の問題、信念の問題として、それは問わずにおいて、政治は信仰の違う人も一緒に集まっていろいろ議論しましょう、ということになった。それが公共空間で、政治はそこに成り立つ。大ざっぱに言えば、そういう合意が宗教戦争以降のヨーロッパの政治空間をつくりだして、その場合には信仰や信条を問わない。それで国民国家も成立するんですね。だから政治的機能に教会を介入させない、教会は精神的権威を代表する、そういう分離の仕方だった。私的信仰と公共的政治との区別というのがヨーロッパ的な政教分離であり、国家の世俗化です。

ところがアメリカの場合は、はじめから移民の動機が主として宗教的なものだった。つまり、集まってきた人たちは、信教の自由を求めて、強固に自分たちの宗教共同体を作ろうとした。信教の自由を求めることは、無

*森孝一＝同志社大学神学部神学科教授、宗教を通してアメリカの社会・政治・文化を研究。主著に『宗教からよむ「アメリカ」』（講談社選書メチエ、1996）など。

信仰になることではなくて、むしろ信仰を追求するということですからね。でも、いろんな移民が来るわけですから、アメリカ合衆国の憲法は途中で改正されて、どんな宗派の人も、言いかえれば、どの教会に属している人も平等に扱うことにして、政治的機構がつくられる。そうすると政治機構そのものは、教会を全然排除しているのではなく、むしろそれを前提にしながら、あらゆる教会を平等に扱う、つまり特定の宗派を優遇しないということで、国家と教会の分離です。だから、政治機構体としては、唯一神によって正当化されることは最初から排除してない。むしろそれが前提になっている。

宇野　9・11以降《God Bless America》*という歌をよく聞くけど、この歌に暗黙のうちにアメリカの神の定義が表われている。それにしても何の神だろう、ということになります。

鵜飼　キリスト教の神ですよ。やっぱり。

宇野　それは憲法条項に全然ひっかからないわけだ。

西谷　ひっかからない。でも問題はあって、最近その種の訴訟で、「『神の下の国、云々』という宣誓を学校で生徒に強制するのは違憲」という判決

*メジャーリーグの試合などではよく歌われていたが、9・11以降、この歌が国歌以上に歌われている。歌詞は――
God bless America/Land that I love Stand beside her and guide her/Thru the night with a light from above/From the mountains to the prairies/To the oceans white with foam/God bless America My home sweet home/God bless America My home sweet home

*二〇〇二年六月二六日、サンフランシスコの連邦控訴審で、公立学校の娘に学校で「神の下の一つの国」という表現を含む「忠誠の誓い」をさせるのは違憲だという訴えが認められた。戦時中の一九四三年、国や自治体が生徒などに対して国家敬礼を強制できるかということが争われた裁判で、連邦裁判所は違憲との判決を下し、それ以降、この判例が定着しているが、今回議会やマスメディアからいっせいに憤激の声が上がるというところに、現在のアメリカ社会の変質が表われている。

が出たのだけれど、それに対してあちこちから猛烈な反発が出たようです。*

鵜飼　アメリカ独立宣言*は最初から神で始まるからね。

西谷　それで合衆国憲法には、「神」という言葉は直接には出てこないけど、文脈は当然独立宣言を受け継いでいる。信仰を排除するということではなくて、特定の教会と結びつかないということです。そしてその教会には、はじめは圧倒的にプロテスタントですが、やがてカトリックやユダヤ教が入ってくるけれども、同じ唯一神の信仰です。それにプロテスタントというのは、もともとカトリックからユダヤ教への回帰という側面があって、旧約聖書を重視する。だからピューリタンたちはアメリカを「新しいイスラエル」として位置づけようとした……

鵜飼　約束の土地ですね。

西谷　そう、圧政者から逃れるプロテスタントなんだよね。

宇野　プロテスタンティズムとユダヤ教との葛藤というのはないわけですか。

鵜飼　敵対する分身同士のような大変な葛藤があり、近代ドイツ精神史はその過程そのものだったとも言えると思います。デリダ*の「INTER-

＊アメリカ独立宣言＝一七七六年七月四日、一三の植民地がイギリスからの独立を表明した宣言。その最初は——「人事のおもむく自然のなりゆきで、ある国民が、かれらを他の国民にむすびつけてきた政治的紐帯を断ち切り、自然の法と自然の神の法によって当然うけるべき自立で平等の地位を世界の列強のうちに占めることが必要になる場合、人類の世論への、しかるべき尊重にもとづき、その国民は分立をよぎなくされる理由を宣言すべきである。……」

＊デリダ（Jacques Derrida, 1930- ）＝フランスの哲学者。「脱構築」の理論によって、文学、社会思想、精神分析、芸術、歴史など広範な分野に影響を与えている。主著は『グラマトロジーについて』（1967 邦訳＝足立和浩訳、現代思潮新社、1972）、『エクリチュールと差異』（1967、邦訳〈上下巻〉＝若桑毅・梶谷温子訳、法政大学出版局、1977・1983）など。

PRETATIONS AT WAR——カント、ユダヤ人、ドイツ人」はその問題を扱っていて、第一次大戦時には、ユダヤ教とプロテスタントの精神は同盟の論理に基づいた熱烈なドイツ・ナショナリストのユダヤ人がたくさんいたんですね。その代表が新カント派のヘルマン・コーエン。* 彼の『ドイツ性とユダヤ性』は、なぜユダヤ人がドイツを支持しなければいけないかを、ヨーロッパ史を全部最初からやり直して証明しようとした論文です。ある意味で、今のイスラエルやアメリカを理解する助けになる部分があると思う。

やはり一からアメリカとはなにか、ということを考え直さねばならない。例えば、アレクシス・ド・トクヴィル*の『アメリカの民主政治』を読むと、アメリカ大陸に来たばかりのピルグリム・ファーザーズ*が旧約聖書に書いてある通りに裁判をやっていたことが驚きをもって論じられています。もうすでに原理主義。今のイスラム原理主義はコーランに書いてある通りに社会を組織しようとしているけど、アメリカに来たばかりのピルグリム・ファーザーズはまさにそれをやってるわけですよね。

西谷　トクヴィルが一番印象をうけたのも、やはりアメリカ人のその信

*コーエン（Hermann Cohen, 1842-1918）＝ドイツの哲学者。新カント学派の一つマールブルク学派の創設者。一八七六年にマールブルク大学正教授、辞職後はベルリンのユダヤ系神学校で哲学を講ずる。

*トクヴィル（Tocqueville, Alexis de, 1805-1859）＝フランスの政治学者、歴史家、政治家。主著の『アメリカの民主主義』（1835、邦訳〈全3巻〉＝井伊玄太郎訳、講談社学術文庫、1987）において、当時のアメリカをくわしく分析した。

*ピルグリム・ファーザーズ（Pilgrim Fathers）＝一六二〇年、信仰の自由を求め、メイフラワー号で北アメリカに移住したピューリタンなどの人たち。巡礼始祖と訳される。

仰のことでしょう。

鵜飼　そう、だからあるところまでいくと、イタリアやフランスのカトリックにはとても付いていけないような、奇妙な生真面目さがある。

3 アメリカとヨーロッパからの脱領土化

ヨーロッパ公法的秩序

西谷　アフガニスタンが空爆されている頃、私は「この一〇年間違えていた」と思ったんですね。ナイーヴだったんです。それは、「アメリカにとっては国際関係は存在しない」ということ。どういうことかというと、冷戦が終わって、それまでの米ソを中心とした軍事・経済両面での対立の構造が壊れたときに、これで世界は一つになった、どこの国もその世界の一員なんだということが、国際社会の基本了解になると想定していたと思うのね。要するに「諸国家の社会」としての世界ということですよ。そこでも「いろんな衝突が小規模な形で起こってくるから、それを国際的にどう調整し抑制していくかが問題になって、そのためには国連で合意をとって、多国間協力で事にあたる、そういうことが課題になるような時代かな」というイメージを持っていたと思う。そういう「国際社会」があるとしたら、それは、まさしくウェストファリア条約*以来のヨーロッパ公法の延長として——例えばフランスやイギリスは、かつて植民地を持っていたが、支配し続けることができず、植民地は独立させざるをえなかった。というのは、結局ヨーロッパの国民国家システムのそれぞれの力関係というものの延長として——であって、その支配の失敗ということも組み込んだうえで、ある国際秩序が国連体制としてできていた、ということだと思います。

ところが、どうやらアメリカは、そういう世界の一員というふうに自らを考えていないわけですね。アメリカは国連などもはや必要としていない。むしろこの半世紀で戦勝国の秩序というのは変質してしまった。国連を余計者扱いして、強大な軍事力にものを言わせて世界を仕切り、国でもなんでも潰しちゃおうとする。でもよく考えてみたら、アメリカ建国の時、ヨーロッパは植民地支配を拡げて、世界展開していたときですが、アメリカはそのヨーロッパから離脱するという形で国をつくって、それ以降ヨーロ

*ウェストファリア条約＝三十年戦争を終結させた条約。一六四五—四八年、ドイツのウェストファーレン（英語名ウェストファリア）で、ヨーロッパ六六国が参加した講和会議が開かれ調印された。この条約によって、ドイツでのカルバン派承認、フランス・スウェーデンの領土拡大、スイス・オランダの独立などが承認された。また、領邦国家の主権が確立し、古典国際法が生まれたといわれる。当時の国際法は「ヨーロッパ公法」としての性格を持ち、主体とされたのは「文明国」のみであった。

ッパの世界化運動からは身を引いていた。それでモンロー主義*を採るわけですが、その孤立主義を放棄せざるを得なくなった時でも、アメリカ国内ではウィルソン大統領が国際連盟をつくるって言っても、議会は参加を否決した。第二次大戦の場合にも、パールハーバーの逸話にあるように、かなり無理をして戦争に突入して、その後は西側の盟主としてソ連との軍事対立という構図に入った。それで、ソ連が潰れたらアメリカはまた身を引くというか、ヨーロッパ公法的な秩序のなかに身を置くのとは、違う形の振る舞いをするわけですね。アメリカのユニラテラリズム（一国主義）のもとにあるのは基本的にはこれだと思う。そうすると「国際社会」があるというのは、我々にとってだけの幻想であって、アメリカ国家のヴィジョンはそれとはまったく違うんですね。

*モンロー主義＝ヨーロッパ・アメリカ両大陸の相互不干渉を原則とするアメリカ合衆国の基本的外交方針。一八二三年モンロー大統領がラテンアメリカ諸国の独立に対するヨーロッパの干渉に反対する立場をとったことに基づく。次第に拡大解釈され、一九世紀末には、アメリカはモンロー主義を西半球における自国の政治的優越の主張のために用いるようになった。

アーレントのアメリカ／メルヴィルのアメリカ

宇野　確かに「アメリカは何か」という問題を考えなおさなければならなくなった。アメリカは世界中のあらゆる民族が流入して、多国籍的な資本主義を発達させ、それと同時に世界の警察となるというオペレーション

*アーレント（Hannah Arendt, 1906-75）＝ドイツ生れのユダヤ人女性で、戦後アメリカで活躍した政治思想家。ドイツでハイデガー、ヤスパース、フッサールに学んだのち、アメリカに亡命。アーレントについては、本書一四二ページ以下参照。

を非常に周到に実現してきた。アメリカは一つの国であり、同時にアメリカは世界であるという性格を確かにもっている。この両義性をどう解きほぐしたらいいか。

今までの話だとアメリカの閉じた一国性という徴候は、あのテロルの前からはっきり見えていたし、それがますます強調されるようになったことは確かだけれども、やっぱり一方には、ハンナ・アーレント*の指摘したようなアメリカという問題があります。いま政治神学的なアメリカの枠組みがあることが強調されたわけだけれども、ジェファソン*たちの構想したアメリカというものが、ハンナ・アーレントが指摘したように連邦制という形でひとつの新たな政体として実現された。そしてヨーロッパから出てきたこの政体が、すぐ自分を閉じたわけではなく、ヨーロッパをある程度開放する、ヨーロッパからの脱領土化の成分としてできたアメリカが確かに存在したわけです。ある種のフロンティア精神とか、例えばホイットマン*の詩に表われるような自然と社会の交錯があり、メルヴィル*の国家観のように、かなり両義的に開いていった部分と閉じていく部分とが現われた。

そういうアーレントのアメリカ、ジェファソンのアメリカ、ホイットマ

＊ジェファソン（Thomas Jefferson, 1743-1826）＝アメリカ独立宣言の起草者で第三代大統領。共和制の確立と民主的改革を推進し、フランスからルイジアナを買収して領土を倍増させた。

＊ホイットマン(Walt Whitman, 1819-92）＝アメリカの詩人。一八五五年、従来の詩の定型を無視した自由詩『草の葉』（邦訳＝酒本雅之訳、岩波文庫、1998）を出版。また、南北戦争後はアメリカ社会への危機感から評論『民主主義の展望』（1871）を著した。

＊メルヴィル（Herman Melville, 1819-91）＝アメリカの小説家、詩人。捕鯨船に乗り組み、南太平洋の島々を放浪したのち作家活動に入る。この体験から、道徳や真理が絶対的なものではないことを知った。一八五一年、代表作『白鯨』（邦訳＝阿部知二訳、岩波文庫など）を発表するが、不評であった。評価が高まるのは、死後、著作集が刊行されてからである。

ンのアメリカ、メルヴィルのアメリカは、一国のスケールをはるかに超えた実験として今も思考されるべきでしょう。そういうヨーロッパを脱領土化する成分として、アメリカの存在はやっぱり目覚ましいものであったわけで、フランス革命に対してもある批判的な価値を持ち得た、アーレントは「アメリカ革命」って言ってるわけだよね。そういうアメリカのヴィジョンを、僕はとくにアーレントから教わった。アメリカの両義性や多義性っていうものに関しては、僕は今もそのヴィジョンは、そのリアリティはなくなってはいないと思うんですよ。それがいま見たところ、まったく閉鎖的な戦争機械としてだけ作動している。

鵜飼　ネグリ／ハートの『帝国』からの孫引きなんですけど、あのなかにも、「アメリカ人の血が一滴でも流されれば、全世界の血が流されることになる」というメルヴィルの言葉が引かれている。そこで言われているのは、「アメリカ人の血が一滴でも流されれば、世界中戦争になる」っていう意味じゃなくて、「アメリカ人の血のなかにすでに世界中の血が混ざっているのだ」ということだけれども、それを二〇〇一年に読んだ僕は、「アメリカ人を一人殺すと、世界中が戦争になる」という意味に読めてしまった。

この恐ろしさをどう考えたらいいのか。

西谷　宇野さんは、アメリカに関して、アメリカを閉鎖的な魔物として捉えるような、見方が出てきてるといったけど、アメリカのなかにいて世界を見る場合と、外にいてアメリカを見る場合とに齟齬があると思うんですね。アメリカのなかにいると、「自分たちは世界中から来て、世界はここにあるんだ」と思っているし、アメリカ人が世界に旅行するときには全部英語で通じるし、世界中の誰もがアメリカを知っている。テキサスの奥で人がどういう暮らしをしているかなんてことまで知らなくても、アメリカは、世界最強の国で、自動車産業がどうのこうので……というアメリカは知っているわけです。ところがアメリカ人は、日本のことは少しは知っているかもしれないけど、スリランカとかインドネシアがどういう国かは、ほとんど知らないと思うのね。ブラジルに黒人がいることを知らなくても*アメリカの大統領になれるように。外にいる人たちにとっては、アメリカは世界の中心であって、逆に自分たちは世界の相対的な一部だという意識があるけれども、アメリカのなかにいたり、アメリカから見る立場に立つと、そこに相補性はなくて、その関係自体が完璧に非対称性なわけですよ。

＊ドイツのシュピーゲル誌によると、二〇〇二年一一月、ワシントンでのブッシュ米大統領とブラジルのカルドーゾ大統領との首脳会談の席上、ブッシュはカルドーゾに「あなたの国にも黒人はいますか」と質問。あわてたライス米大統領補佐官が「大統領、ブラジルはアメリカよりも肌の黒い人が多いようです」と、なんとかその場をとりなした。なお、ブラジルにはアフリカ系が人口の半分を占めている（アメリカは約一二％）。

先ほどから問題にしてきたのは、アメリカ国家の振る舞いであって、ひとりひとりのアメリカ人がどうのという話ではないんですが、じゃアメリカ国家はどうかといえば、今はブッシュ政権がそれを代表していて、これはアメリカに拠点を置く石油メジャーと巨大軍需産業の利益代表のようなものです。そうすると、その政府をもってアメリカの人々全体を語ることは当然できない。にもかかわらず、世界の情勢を考えるときには、アメリカ国家がどう振る舞うかが決定的な要因になるから、それを念頭に置かざるを得ない。そういう錯綜した関係があると思う。「アメリカ」という言葉で語るときに、我々がどのレベルで「アメリカ」を捉えているのかをはっきりさせないといけない。そうでないと、「いやアメリカはそれだけじゃない」とか、「あなたはもう根っからの反米だから」と言ってすませられるわけです（笑）。そうではなく、アメリカ人ひとりひとりの問題ではなく、アメリカ国家が制度的にどのように構成され、アメリカ国家がどのように振る舞っているかを問題にしているんでね。

『千のプラトー』／『大地のノモス』

＊ジル・ドゥルーズ、フェリックス・ガタリ『千のプラトー──資本主義と分裂症』（1980邦訳＝宇野邦一・小沢秋広・田中敏彦・豊山光一・宮林寛・守中高明訳、河出書房新社、1994）。ドゥルーズ／ガタリは『アンチ・オイディプス』（1972、邦訳＝市倉宏祐訳、河出書房新社、1986）で、社会主義と資本主義という二つの異なった体制を精神分析の手法で分析し、文化総体の革新を目指すポスト・モダンの先駆的著作として注目を集めた。

＊戦争機械＝ドゥルーズ／ガタリが『千のプラトー』で提唱した、国家装置の外部にある力と生成の様態である。武器、兵器、軍隊などは、戦争機械の部分的な表現にすぎない。戦争機械を発明したのは遊牧民である。

＊国家装置＝『千のプラトー』では、戦争機械に対抗して暴力を内部化する権力装置として定義されている。

＊条理空間＝『千のプラトー』で

宇野　ただね、アメリカ人ひとりひとりが違うのは、アメリカにはいい人も悪い人もいるっていう話ではなくて、例えば、『千のプラトー』*に「戦争機械」*と「国家装置」*という概念があるでしょう。今のアメリカは、「国家装置」と「戦争機械」を限りなく融合させるかのようにして動いている。だから、あらためて「戦争機械」と「国家装置」が違うものだという分析が必要だし、それプラス資本主義、それプラスさまざまな公共性と共同体というアメリカ特有の装置があって、それもいろんな意味をもってきている。さっきも言ったように、ヨーロッパにとって、あるいは日本にとっての脱領土化の成分を生み出したということも分析をしないと、これからの政治的主体性の構成という問題までは考えられない。

鵜飼　『千のプラトー』に「条理空間」*と「平滑空間」*という対概念が出てくるでしょう。それに対しカール・シュミット*は『大地のノモス』*で、「陸のラウム」「海のラウム」ということを言う。ものすごく単純化して言うと、「陸のラウム」では、陸で戦争したときには、つまり彼にとっての古典的な戦争では、勝った方が負けた方の住民を次の瞬間にはもう管理しなければいけない。そこで戦争のルール化ということが起き、ヨーロッパ公

提唱されている、水平軸と垂直軸にしたがって格子状に区切られた等質的空間であり、そのモデルは織物である。

＊平滑空間＝『千のプラトー』に出現する、多方向に無制限に接続され増殖する非等質的空間であり、そのモデルはパッチワークである。

＊シュミット（Carl Schmitt, 1888-1985）＝ドイツの政治学者、公法学者。ワイマール共和国の大統領内閣時代には、ベルリン商科大学教授として政府の枢機に参与。一九三三年のヒットラー政権成立後はナチスに転向し、ナチス法学界の中心的存在となった。やがて親ユダヤ的言動などで非難をうけ、第一線から退いた。戦後、アメリカ軍に逮捕され、教職を追われるが、その後の著述活動は高く評価されている。

＊『大地のノモス——ヨーロッパ公法という国際法における（上下巻）』（新田邦夫訳、福村出版、1984）。

法の基礎となるんだけれども。イギリスが海洋国家として成立してから、海戦で負けた方は皆殺しになる。沈んでしまうから。シュミットはそこに絶滅戦争と戦争の道徳化の起源を見ています。アメリカはそれを引き継いで、海洋国家プラス「空のラウム」まで含めた絶滅戦争ができる国家になった。このシュミットの分析と、ドゥルーズ／ガタリが考えている「平滑空間」が、どこかで重なるような気がするんです。シュミットの場合は、それがもう一回折れかえって、この法の精神が第一次大戦以降ドイツのなかに内面化された果てに、陸でユダヤ人を絶滅するというところまでいってしまった、という形で、ドイツの罪の歴史的起源はじつはイギリスにあるというふうに暗に振っているところがある。そこが、この議論を評価する場合のシビアなところだと思うんだけれども。ひるがえって今度の9・11が、アラブ・イスラム世界の大衆にとって何だったかといったら、この「空のラウム」で一矢報いたということなんですよね。「平滑空間」のある使い方を発明したという。

宇野　今まで、空から打ちのめされてきたから。

鵜飼　そう。空はユダヤ教徒とキリスト教徒のものだったわけですから。

いずれにしろ、空間の問題を、ひとつ考えなければいけないと思うんです。

9・11のアフェクトと抵抗の主体

鵜飼　さっき出たように、アメリカがどこから来たかということを一から考えないといけないと思うし、それと同時にこの百年、百五〇年の間に、アメリカがどういう風にしてここまできたかも見ないといけないと思うんです。

例えば、今東アジアにアメリカがいるのは、日本との戦争があったからで、勝手にアメリカが来たいといって、黒船のときからずっといたわけじゃない。第一次大戦だって、ヨーロッパ戦線に参戦するかどうかで、国論を二分して、もうぎりぎりでやっと行ったわけですよね。第二次世界大戦だって、まあいろいろな説はあるけれども、結果まで計算してやったとも思えない。六七年にイスラエルを支持するときも、九〇年代末に公文書が出てわかったのは、最後まで迷っているわけね。だから、いろんな局面でアメリカもぎりぎりの選択をしてきた。「気が付いたらこんなところまできちゃった」っていう部分もあると思うんですよ。だから、逆にそれが恐ろしい。なぜ、さまざまな偶然を通してここまで何事かが貫徹してきたのか。

宇野さんがこだわるのは、ブッシュが「善と悪との闘いだ」というのをひっくり返して、「お前こそ悪だ」っていうふうに言っても、かえって相手に似てしまうじゃないかっていうことだと思うんです。そういうことではなく、なぜ一見偶然に見えるさまざまな事柄を通じて、ある必然的なものが貫徹してきたのかを整合的に説明できる思想的な枠組みをどう作れるのかということだと思います。

アメリカは、例えば日本との戦争では京都や奈良を爆撃しなかったけど、バクダッドは平気で爆撃する。今の日本の憲法草案をつくったのもアメリカ人でした。そう考えると、アメリカ人は、少なくとも対外的には明らかにこの五〇年で悪くなった。しかし逆に、例えばチェ・ゲバラは、アメリカからすれば、当時テロリストだったわけだけども、ゲバラとビンラディンを比較すると、いわゆる反米勢力そのものも、アメリカと軌を一にして、悪くなってきている。にもかかわらず、9・11が起きたときに、さまざまなアフェクトが我々のなかに否応なく生じたと思います。その複数のアフェクトとどう交渉するかという問い抜きには、宇野さんがさっき使った言葉でいえば、抵抗の主体が語れないんじゃないかという問題があると思う。

仮に9・11を実行した人、あるいはその組織に関わった人々が、我々の友人であるとしたら、その人たちに我々は何が言えるか。9・11では、結果としてたくさんの人間が死んだ。アメリカのいくつかのインフラストラクチャーに対して物理的な攻撃を加えることは、今の世界の状況からして道義的に許されることだとしても、人命の犠牲をどう考えるべきか。クラウゼヴィッツ*からレーニン、毛沢東にいたる、戦争をいかに合理的に組織するかという思想の流れも一方にあります。それから考えると、「世界の民衆の利益になったのか」というレベルで、9・11の実行者たちを、仮に彼らが友人であるならば、友人として批判をするという緊張感を持たないといけないだろうし、その構えがあって始めて、ある種の評価ということも成り立つのだと思うんです。

＊クラウゼヴィッツ（Carl von Clausewitz, 1780-1831）＝プロイセンの軍人。対ナポレオン戦争で実戦経験を積み、死後出版された『戦争論』（1832-34、邦訳〈上下巻〉＝清水多吉訳、中公文庫、2001）は近代戦争や軍事理論の古典となっている。

4 アウシュヴィッツからグアンタナモ

歴史の契機としてのアウシュヴィッツ

鵜飼 さっき西谷さんが言った、グアンタナモの問題は非常に重要だと思う。タリバンがアフガニスタンで敷いていた体制には、これっぽっちの共感も持てない。それはかつて、ゲバラが夢見たものに、ベトナム民族解放戦線が体現していたものに、あるいはPLOが体現していたものに、我々が共感し得たこととは、はっきり断絶している。それでは、どこに接点があるかといったら、それは「テロリスト」と呼ばれ、決定的に非人間化されていくときに、人間であるということにおいてではなく、非人間化されてしまうということにおいて、我々に通じるものがある。その非人間化されていく姿から受けるアフェクトは、自分たちのなかで圧殺してはいけないものですね。そこのところで、この人たちとの繫がりを持ち続けないといけない。「アウシュヴィッツからグアンタナモ」という線を引いて考えるべきだと思いますね。

西谷　9・11以降にいろんな人がいろんなことを言ったけど、たまたま見つけて印象に残ったのが『ル・モンド』にミシェル・セール[*]が書いた記事です。それは、子供の時にアウシュヴィッツを経験して生き残って、今は「第四世界」の救済活動をしている五〇歳ぐらいの女の人の伝記の書評として書かれたものなんで、一見したところ、事件とは関係ないんですが。一八世紀末にイギリスから何十人かの子供が囚人としてオーストラリア周辺の孤島につれてこられ、虐待され、死ぬのを待つだけという状況におかれていたというエピソードが語られています。その話から語り起こして、この女性がアウシュヴィッツから生還して、どういう経緯で「第四世界」の運動を始めるに至ったかということが簡潔に報告されている。「第四世界」というのは、今のグローバル化する世界のなかで、先進国に登場してきている、いわば産業棄民たちの生き得ない領域ですね。「このひとが歩ん

＊セール（Michel Serres, 1930-）＝フランスの科学哲学者。主著に『生成』（及川馥訳、法政大学出版局、1984）、『コミュニケーション』（豊田彰他訳、法政大学出版局、1985）など。ミシェル・セールの記事は、『ル・モンド』二〇〇一年一一月二七日。

できたことに目を向けずしてアウシュヴィッツを継承する意味がない」といったようなことをミシェル・セールは書いていた。セールはどういうつもりでこれを書いたかわからないけれども、読んで冒頭からすぐにグアンタナモのことを思った。そうすると、ここ数百年の歴史のある脈絡が浮かんできて、それに照らすと、いま行なわれていることが、この二、三百年の歴史をいかに無化し、葬り去ろうとしているかが浮き彫りになって、この文章はあざやかに印象に残っているんです。

鵜飼　この二、三百年のことが無化されるという印象を、どういうふうに歴史の問題として語れるのかということなんですけど、ずっと中東を軸にして見てくると、違和感が残る問題がある。「今までのようには、もう歴史は語れない」と言うときに、アウシュヴィッツが持ち出される。八〇年代、「アウシュヴィッツはもはや歴史の一契機ではない」という言われ方がされました。典型的には、ラクー＝ラバルト*の『政治という虚構』、リオタール*もほとんど同じような言い方をしていた。アドルノ*の「アウシュヴィッツ以後」という考え方がすでにそうでした。そもそもアドルノがヘーゲルの弁証法をひっくりかえし、「否定の弁証法」と言うようになったのも同

＊ラクー＝ラバルト（Philippe Lacoue-Labarthe, 1942- ）『政治という虚構——ハイデガー芸術そして政治』（浅利誠・大谷尚文訳、藤原書店、1992）

＊リオタール（Jean-François Lyotard, 1924-1998）＝フランスの哲学者・美学者。『現象学』（高橋允昭訳、白水社文庫クセジュ、1965）で思想界にデビュー。ポスト構造主義者でポストモダン論の提起者の一人。『ポスト・モダンの条件——知・社会・言語ゲーム（叢書言語の政治1）』（小林康夫訳、水声社、1989）など著書多数。

＊アドルノ（Theodor Wiesengrund Adorno, 1903-1969）＝現代ドイツの思想家。フランクフルト学派の代表者。『啓蒙の弁証法』（1947、マックス・ホルクハイマーとの共著、邦訳＝徳永恂訳、岩波書店、1990）、『否定弁証法』（1967、邦訳＝木田元 他訳、作品社、1996）など著書多数。

じモチーフからですし、レヴィナス*の場合は、ヘーゲル的な歴史概念から、キリスト教＝歴史という考え方総体を批判しました。ところが今では、このタイプの反ヘーゲル主義と、フランシス・フクヤマ*的な新ヘーゲル主義が、9・11までくると、もはや見分けがつかなくなっている。

新ヘーゲル主義とは「冷戦の終焉によって歴史は終わった」という考え方ですよね。「ヘーゲルがプロシア、ドイツに置いた歴史の終焉の地点をアメリカに置き直す」という論理と、「アウシュヴィッツ以後はもはや歴史ではない」という論理とが、合流した地点から「それでは中東で起きていることは歴史的に説明できないのか」という問いが必然的に生まれてきます。ヘーゲルがやったことは、現実に生じた出来事すべてに「現実的なものは理性的である」という形で意味を与えていく作業であり、その意味を事後的に「歴史」と呼んでいくことだと思うんです。その一方で、アウシュヴィッツが起き、そのことを不可欠な条件としてイスラエルが建設され、そのことを梃子にして、アメリカにしてもぎりぎりの選択をしながら、ついにアフガニスタンまできてしまう、ということのなかに、この時代のある種の「世界史の精神」があきらかに働いているわけですね。「世界」「歴史」

＊レヴィナス（Emmanuel Levinas, 1905-1995）＝フランスの哲学者。ドイツ・フライブルク大学でフッサール、ハイデガーに学び、フランスに現象学を伝える。その独自な思想は今日最もラディカルな思想の一つといわれる。主著に『時間と他者』（原田佳彦訳、法政大学出版局、1986）、『全体性と無限』（合田正人訳、国文社、1989）など。

＊フランシス・フクヤマ（Francis Fukuyama, 1952 - ）＝シカゴ生まれの日系三世。冷戦終結後の世界を歴史的・文明論的に論じた『歴史の終わり』（渡部昇一訳、三笠書房、1992）が各国でベストセラーになった。また、政治学者としてブッシュ（父）政権を支えた一人でもある。

「精神」といった概念の再検討を含めて我々の眼前で展開している出来事の連鎖を解読するという新しい任務を担わないために、「歴史が終わった」という言説が機能し得ることがある。「アウシュヴィッツを一契機として持つような歴史の概念」ということは、僕が知っている限り、まだ誰も言い出していません。「これをどうしたら考えられるのか」という角度から、むしろ「ヘーゲルを読み直さなければいけない」と思っています。そのことと、「アメリカがイスラエル化してきている」ということとが、事の表裏をなしてるような気がするんですね。だから、とりあえず今日の文脈では、ヘーゲルを一つ置いて考えるという課題が出てくるんじゃないかな。

西谷　そこに、鵜飼さんが最初にふれた、第二次大戦の終わり方が関係しているわけですね。ナチズムに対して、「ナチのようなものはだめだ」というのと、「ナチでなければいい」という反応が表裏で出てきてしまう。それがある行動の絶対的基準のようにして動き始め、その極限が9・11以後ということになりますね。

鵜飼　そうですね。付け加えて言うと、国連も必要としないという、今のアメリカの振る舞いは、ドイツ、イタリア、日本が国際連盟から抜けていくときと、非常によく似ている。「国際連盟から抜けるんだ」とドイツが言い出したときの言葉遣いと、今のアメリカの幾つかの言葉遣いは、異様なほど似ているということをチョムスキー*が指摘しています。それは、いま西谷さんが言われたことと重なると思います。

西谷 セールの文章が印象に残ったのは、オーストラリアという植民地と、そのまた周辺の孤島、そこに子供の、つまり当時イギリスで人間扱いされなかった浮浪児が送られて殺されていくということを、アウシュヴィッツをはさんで現代の「第四世界」につなげるという、そういう文脈のうちでこそアウシュヴィッツの受難が継承されるという、むしろその絶対化を歴史化する視点があったからだと思います。ただ、「アウシュヴィッツを契機にした歴史の捉え方」というのが必要なのかは何とも言えませんね。

鵜飼 例えばリオタールのように、アウシュヴィッツからカント的な統制的理念を引き出し、それによって判断していくしかない、という脈絡が一つあったわけです。ところがヘーゲル的な否定性が亡霊のように働いて、「アウシュヴィッツ」を次の歴史を生み出す一契機にする力が働いてしまったわけですね。それがイスラエルを生み、イスラエルを梃子としてアメリ

*チョムスキー（Noam Chomsky, 1928-）＝アメリカの言語学者。マサチューセッツ工科大学教授。変形生成文法の理論により言語学会に革命をもたらした。また、現代アメリカ社会についての鋭く批判するなどリベラルな思想家としても知られている。チョムスキーについては本書一一〇ページ以下参照。

カに引き継がれた西洋のヘゲモニーが二〇世紀後半以降の重要な資源を「道徳的に」我有化していく。このことを論理的に考えないと、やはりアメリカを利することになるでしょう。

言いかえれば、「なぜアウシュヴィッツは西洋にとってポジティヴなものを生み出してしまったのか」ということです。それは絶対的否定性ではなかった。相対的否定性であり、次の段階を奇妙な形で生み出してしまった。さらに言えば、ベトナム戦争。ベトナム戦争も絶対的な否定性にならなかった。それをアメリカは、「アメリカ兵が死なない戦争」をつくりだす否定性の契機にしたわけです。もっともヘーゲル的なタイプの論理にマッチする形で、アウシュヴィッツもベトナム戦争もアメリカは揚棄したのではないか。だから、こうした様々なタイプの反ヘーゲル主義にも、フクヤマ・タイプの新ヘーゲル主義にも陥らない形でヘーゲルを読み直すことが、限定的な作業として、ここでは必要なんじゃないか。キリスト教の世界化がどういう深化の段階にあるのかを規定する理論的な枠組みは何かということなんですけどね。それは一方で、ネグリ／ハートの『帝国』をどう捉え直すかということでもある。

宇野　9・11についてのフクヤマ発言でびっくりしたのは、アメリカはこれを契機にしてどうなるだろう、この事件の肯定的な収拾の仕方は何だろう、というじつに冷酷な、いかなるヒューマニズムもない、国家理性にとってどんな利益を引きだすかという非常に怜悧な、戦略的立場からの計算をしていることですね。それは何か、論評とか意見という次元を超えている。これに対抗できなくてはいけないだろうし、対抗できるのは何だろうなと思ったわけです。フクヤマの言説はアメリカのヘゲモニーにヘーゲル的な歴史観を結びつけたものとして知られてるし、哲学的な仕事としては通俗化したものではあるけれど、国家装置の言説としては、見事にどこかで機能しているわけですね。もちろん非常に憂慮すべきヘーゲル主義という意味で言っているわけだけれど。

鵜飼　もう一つフクヤマは、9・11を契機にして、アメリカでは連邦政府の力が一挙に強まって、「ユナイテッド・ステイツ」ではなく、「ユナイテッド・ステイト」になるという言い方をしてましたね。

宇野　反ヘーゲル主義と言っていい思想家のなかでも、フーコー*やドゥルーズは、アウシュヴィッツの問題を、正面切って問題にしないで、むし

＊フーコー（Michel Foucault, 1926-84）＝フランスの哲学者。構造主義の代表的思想家として知られる。主著として、『狂気の歴史』（1961、邦訳＝田村俶訳、新潮社、1975）、『言葉と物』（1966、邦訳＝渡辺一民・佐々木明訳、新潮社、2000）、『監獄の誕生』（1975、邦訳＝田村俶訳、新潮社、1977）『性の歴史』（1976-、邦訳〈全三巻〉＝田村俶／渡辺守章訳、新潮社、1986-87）など。

ろ歴史的な思考のあり方そのものに対して批判を加えてきました。

アウシュヴィッツの問題を引き受けようとした思想家たち、例えばレヴィナスは、若いときに「ヒットラー哲学についての考察」というじつに印象的なエッセイを残している。そのなかでレヴィナスは、西欧の歴史というのは、過去の歴史をつねに精算する動きだったし、キリスト教そのものがそうであったとはっきり言っている――「過去の歴史を精算することができる」という論理、歴史の繋留を解き放つことができるという立場が、まさに歴史を動かしてきたと言う。ヒットラー主義は、その歴史の繋留から自由になるという意識が、もっとも反動的な形をとったもので、繋留のかわりに呼び込まれたものが、血統という、純粋な人種という概念であった――ということを書いています。同時代のヒットラー主義を分析し、非常にはっきりと、西欧の歴史の基本的運動の問題として、これを論じている。レヴィナスは、後にはっきりヘーゲルを批判するけれども、歴史主義との関連はそれほど単純じゃなくて、いつも緊張感をはらんだものだと言えるね。

歴史とカタストロフ

宇野　それから今、僕は「歴史のカタストロフ」——歴史のなかにカタストロフが起こる——ということについて考えている。もちろんヒロシマもアウシュヴィッツもカタストロフであったと思うから、そのカタストロフをどう生きのびるかという問題がある。市村弘正さんは『敗北の二十世紀』*という本を書きましたけども、この敗北というのは何かというのが問題だよね。「日本人にとって、敗北というのは自分の思想的主体性、自分の実存のなかにとりこんだ主体性ではありえなかった」というのがこの本のテーマなんです。もちろんナチドイツにとって、ただ敗北だけではなく、大変な加害の経験でもある。日本人にとっても、敗北と加害が同時に存在していたということが重要なんだけど、そもそも我々は歴史の運動に、この資本主義に、この権力の形態に、ずうっと負けっぱなしで生きてきた。そういう敗北の普遍性という問題、それからそのカタストロフと敗北というの経験を組み込んだ思想的主体という問題、こういう問題を考えているんです。

西谷　でも、ものを考えることは、ソクラテス以来敗北の連続であって、

*市村弘正『敗北の二十世紀』（世織書房、1998）

誰も勝ったことなどないんだから……

鵜飼　敗北を勝利に転化する強力な装置がキリスト教ですね。十字架上のイエスは、人間として考えたら敗北ですから。

西谷　ソクラテスが毒杯を飲んで、プラトンが書いた著作ができて、その後ずっと後になってまで、哲学がヨーロッパ的な知の軸になるわけだから、単純に敗北とは言えないけれど、イエスも同じで、生き残るのは制度でしょう。キリストの墓としてできた教会は勝ち続ける装置でしょう。

鵜飼　9・11の凄まじさは、ブッシュが「我々は世界で最も悲惨な犠牲者だ」って大声で言って、それにみんなが何も言えなくなるっていうことでした。この「被害者として万人に認めさせるものが最も強い」という論理はキリスト教から出てくるもので、ニーチェ的に言えば、これこそルサンチマンです。この構えをアメリカがとる以上は、ニーチェが考えている強者ではありえない。だから我々とアメリカの関係は、ニーチェが考える強者、弱者の関係とは違う。

西谷　もっと俗なレベルで言えば、アメリカは何を恐れているのか、なんであんなに暴力的に対応しなければいけないのかというと、キリスト教のルサンチマンのような立派なものというよりも、「恐怖との戦争」という論文*に書いたけれど、アメリカ自身が唯一巨大な軍事力の持ち主であるという事自体が恐れのもとだと思うのね。

いま宇野さんが言ってた、アウシュヴィッツやヒロシマについては、それがなぜカタストロフと規定されるのかというと、バタイユ*の表現を借りれば、使い途のない否定性が振るわれてしまったということだと思う。ヘーゲル的な意味で実現した近代の世界は、人間がテクノロジーで豊かになって、どんどん発達していくはずの世界、言いかえれば人間が原則的に世界のすべてを否定して人間化することで定立された世界だということです。ところが人間化が完了すると、その否定性は、もはや用途がなくなってしまうんだけれど、世界のなかに永久運動の元として回収されるんじゃなくて、無駄なまま、今度は人間が作り出したものをなぎ払ってしまう。その時、人間的に構築された世界がもう一回否定される。つまり、人間という普遍概念そのものが否定されることになる。それが、使い途のない否定性が機能してしまったということだと思うのね。そこで、人間というものの否定がどこに現われるかというと、もはや主体ではない、もはや人間と呼

＊「恐怖との戦争——グローバリゼーション下の安全保障体制」(『世界』二〇〇二年五月号所収)

＊バタイユ(Georges Bataille, 1897-1962)＝フランスの思想家、文学者。その独自な思想に貫かれた著作は、小説、詩、評論、美術批評、経済学、社会科学など多岐にわたっている。「使い途のない否定性」については『有罪者——無神学大全』(出口裕弘訳、現代思潮社、1989)の付録参照。これはバタイユが、高等研究学院で『精神現象学』読解講義をしていたアレクサンドル・コジェーブの「歴史の終焉」に関する質問状。そこでバタイユは、否定性がその運動を成就して歴史を終らせたら、役割がすんで「使い途がなくなった」その否定性はどうなるのかという問題に関してコジェーヴに異論を呈し、それは成就した人間的現実のうちに安らぐ(眠り込む)のではなく、「使い途のない」ままに漂うのではないか、そして自分自身がその「使い途のない否定性」だ、と述べている。

べない、芋虫のようにただ生きて死を待つだけの存在……

鵜飼　「ムスリム」ですね。

西谷　そう、ムスリムが登場してしまったということ、現実の世界を考えてもいいし、アガンベンの『アウシュヴィッツの残りのもの』*を想起してもいい。ムスリムはヨーロッパ的な意味で人間じゃないんですから。それがカタストロフだよね。それでヒロシマやアウシュヴィッツはどうかというと、レヴィナスが言ったことだけど、「死ぬことが不安じゃなく、死ねないことが無限の恐怖だ」と。人類が一瞬の爆破で消えちゃえば、苦しんだり、心配する人は誰もいない。生き残る人たちは、死ねない状態で、苦しみのなか、ずうっと何年も生きていく。それが、もはや人間ではない存在です。プリーモ・レーヴィ*は「いや、それは人間だ」と言ったんですが、そうわざわざ言わなければならない状態です。ヒロシマにもそれが起こった。原爆の哲学的な意味というか、存在論的な意味はそこにある。そこで否定されたのが主体性でね。だからそこから先は、はっきりと新しい時代に入ったし、その状態を織り込んだうえでないと、人間について語れない状況になったと思う。

＊ジョルジョ・アガンベン『アウシュヴィッツの残りのもの――アルシーヴと証人』（上村忠男・廣石正和訳、月曜書房、2001）。アガンベンについては本書九二ページ以下参照。

＊プリーモ・レーヴィ（Primo Levi, 1919-1987）＝イタリアの作家。一九四三年、レジスタンス活動中に捕らえられ、アウシュヴィッツ強制収容所に送られる。一九四五年、ソ連軍により救出されイタリアへ帰国。一九四七年、収容所体験を記した『アウシュヴィッツは終わらない』（竹山博英訳、朝日選書・朝日新聞社、1980）を刊行。

テクノロジーと歴史

西谷　そのことは人間とテクノロジーとの関係でも言えて、ハイデガーがおそらくはじめて核技術と遺伝子工学とを同時代的なものとしてとらえた。核技術はそれまでの化学反応的な世界のベースになっていたアトムを壊し、遺伝子技術はそれまでの実存的な了解のベースになっていた個々の人間を壊して、違う次元に生き物の生命の問いをもっていき、それによって人間の了解構造が崩壊してしまった。その状況をキリスト教世界の展開と重ねてみると、一方では、ただ単に否定的な状況として、破綻が起きたから継ぎ接ぎしようとする反応が現われる。もう一方では、まさにそれを救済への道として推し進めていく傾向がある。その主要な場所は生命科学ですね。いま社会的に問題になっているのは、脳死や臓器移植、生殖医療、それにクローン技術などで、そのなかでも特に生殖医療に関しては、キリスト教的な志向が圧倒的な影響力を持っていると思うんですね。『ガタカ』*という映画では、普通の生殖で生まれる子供は二流の人間で、一生プロレタリアート。正式の市民は、両親が遺伝子検査を受け、体調のいい時に取

＊『ガタカ（GATTACA）』＝アンドリュー・ニコル監督、イーサン・ホーク、ユマ・サーマン、アラン・アーキン主演のアメリカ映画（1997）。

った精子と卵子を結合して、それで生まれた子供だというわけ。そういう子供だけが正当な市民としての権利をもち、そう登録される。そんな状況は、もう目前まできているわけです。

なぜこういう方向に行くかというと、例えば聖書の冒頭を見ると、アダムとイヴが知恵の木の実を食べるでしょう。その罰で、男は一生汗水垂らして働き、女には産みの苦しみが与えられる。つまり、人間には原罪があるというのだけれど、その罪というのは、人間が男女の性行為から生まれるということですね。でもそれは生まれた子供にはどうしようもないことで、それが一生負わなければならない罪だという。そしてこの罪から解放されるのが救いなわけです。

だからキリスト教の理想は、イマキュレイト・コンセプション[*]であり、あらゆる自然のプロセスを排除できたら救われる、今の生命科学はそういう志向に導かれて進んでいると思うんですね。イマキュレイト・コンセプションの後には、天使のようになる。天使は死なないんですね。とするとそこでは、主体として生きる個々の人間のサンギュラリテ（単独性）はいらなくなる。そういう「無垢」のシステムをどんどん動かしていくという

＊イマキュレイト・コンセプション（Immaculate Conception）＝「無原罪懐胎」。聖母マリアは懐胎の瞬間から原罪を免れていたとする教義。本書一九九ページ参照。

志向が、キリスト教的な文明に働いているんじゃないかと思う。もちろんそれはもはや世俗化した欲望として、キリスト教とは無関係のようにみえるけれど。臓器や人体組織にしても、現実にばんばん売られているわけで、議論は追いつかない。そこには市場原理があるわけだけど、やっぱりこれもアウシュヴィッツによって歯止めが取れたんだと思うのね。

宇野　その聖書の読み方は、あまたある読み方の一つだと思うけれども、やっぱりキリスト教は歴史観を結晶させるための触媒になっているわけだよね。

西谷　でもね、歴史という観念そのものが、きわめてキリスト教的ではあるんですよ。

宇野　アウグスティヌスのなかに時間論が出てくる。信仰証明として時間の哲学を行なわなければならないのがキリスト教の大きな特徴だとすれば、時間そのものが原罪なんだね。

西谷　その時間の意識というのは、一人の人間の意識として生きられるものがもとになっていた。ところが、それがアウシュヴィッツで解体されてしまった。個的な存在の十全性というのが破壊されたんだよね。あそこで人体の部品化とか人体実験とかが行なわれたでしょう。それまでは、何が人道的に批判されたかというと、自由を奪っちゃいかん、奴隷にしちゃいかんということでしょう。しかし奴隷は丸々一個の人間です。だからそれを殺しちゃったら、元も子もなくなる。生かして使わなきゃいけない。だから、その奴隷にされた人間も「生きていれば、いつか主人になれるかもしれない」という夢も見ることができた。ところが、ある時から、人間は全体でなくても、生きてなくても、使えるようになった。むしろ意思をもった一個の人間なんて早く消してしまって、部品の集合にした方が効果的に使えるということなのね。本当に今、それが冗談ですまない状況になっている。

鵜飼　それはすでにハイデガーが言っているね。「人間が原料になる」という言い方で。

西谷　人間の資材化だよね。一人のまとまりとしてじゃなくて、部分的なものとして使われるようになったことによって、一個の時間を生きる人間というのは消されてしまったわけです。だからそう考えると、アメリカのエセ・ヘーゲル主義者の言う「歴史の終わり」というのはだてじゃないと思うんですよ。ともかく今、歴史意識を持つことがあんまり意味がないという世界がつくられつつある。

アメリカの苦しみと嘘

鵜飼 キリスト教の救済ということで、二つの問題があると思う。一つは、聖書のテクストはいろんなことを語っているけども、原罪以前に語られているのは何なのかということ。もう一つは、キリスト教が苦しみに価値があるという宗教である以上、私たちは、何ももう苦しいことはありませんという方向にはいかないと思うのね。

アメリカのポーランド系ユダヤ人の歴史家ピーター・ノビックは『アメリカの生活におけるホロコースト』*で、アメリカがイスラエルに加担するのは六〇年代後半からだけれども、それが九〇年代に入って急速に進み、今はあらゆる州にホロコースト博物館があるような状態になっているが、このこと自体、ユダヤ人にとっていいことなのかと問うている。そこにこんな衝撃的な話が出てくる——ワシントンのホロコースト博物館の入口に、この博物館を訪れた黒人の少女の「これを見てしまったら私たちが苦しん

* Peter Novick, *The Holocaust in American Life*, HOUGHTON MIFFLIN COMPANY, 1999

だなんてもう言えない」という言葉が展示されているそうです。要するに、誰がもっとも苦しんだかという競争が始まっていて、ユダヤ人のグループにはそれで黒人に勝つということに血道を上げている人々がいる。そのユダヤ人と一緒になって、「私たちこそ一番苦しんでいるんだ」とブッシュは言い、そのことをまた万人に承認させたいと思っている。

西谷　歴史の使用法の一つだね、それは。

鵜飼　僕はこのこととランズマンの言葉が重なっていると思う。これはユダヤ教からじゃなくて、キリスト教からしか出てこない。この形の苦しみ、苦悩の価値化、神聖化は、ユダヤ教的ではないと思う。つまり、ユダヤ人の苦難がキリスト教的に語られるようになっていて、それがアメリカである独特の展開をしていて、そこにアメリカの多数派であるワスプ*までが入り込みつつある。そのなかで9・11が起きたということは、ちょっとはずせないポイントだと思います。

西谷　「アメリカ人が苦しんでいる」というのを錦の御旗にしているし、苦しみの競争もあるかもしれないけど、今のブッシュ政権の姿勢をもっとストレートに理解させてくれるのは、やっぱりアメリカが自由のミッショ

*ワスプ(WASP:White Anglo-Saxon Protestant)＝アングロ-サクソン系白人でプロテスタントであるアメリカ人。初期移民の子孫たちで、アメリカ社会の主流をなした。

ンを持っている選ばれた国だという論理だと思うんだよね。アメリカがモンロー主義を捨てて初めて対スペイン戦争をやってキューバとフィリピンに出ていくときも、「我々はヨーロッパの古きくびきから解放された」「ヨーロッパの野蛮な植民地支配に苦しめられている人たちを我々は解放しにいくんだ」といって、当時、「彼らは我々を待っている」という詩まで、ポピュラーにヒットしたというんだよね。* 今でも、「自由のために戦う、それがアメリカの役割だ」という論理が機能している。

鵜飼 それは冷戦の時も一緒ですね。

西谷 ずっと貫かれている論理だと思う。「自分たちの自由を広める」「世界のためにアメリカは戦っている」という論理。

今までだと、そういう論理がアメリカ国家の定礎に基づく姿勢として展開されてきたけれど、今回ではそれが、誰かにとっての確信であるか、あるいは真理であるかということがもう関係なくなって、あからさまな「広告」として打ち出されていることが問題ですね。9・11の後、シャーロット・ビアーズ*という広告業界の辣腕のエリートが国務次官になったけれど、ビアーズはビル崩壊現場を「グラウンド・ゼロ」と名付け、「まともな情報

＊ロバート・ニーリー・ベラー『破られた契約——アメリカ宗教思想の伝統と試練』（松本滋・中川徹子訳、未来社、1998）

＊シャーロット・ビアーズ（Charlotte Beers）＝「広告界の女王」と呼ばれたビアーズは9・11後、米政府の国務次官（広報担当）に抜擢された。その職務は「パブリック・ディプロマシー」（大衆外交）と呼ばれる外国の、とくに反米感情の強いイスラム世界の大衆向けの世論づくりであった。二〇〇三年三月、健康上の理由から退任。多額の費用を用いながら、成果が上がらなかったため、事実上の解任とも言われている。

を上品に流すような広報ではだめで、人を動かすにはもっと感情に訴えなきゃいけない」といって、国務省のサイトに犠牲者や消防士たちの写真をばんばん流して、あからさまに煽情的なプロパガンダをやったんですね。だから、政府が何を発表するにしても、「この石けんはよく落ちます」というのと同じで、事実を伝えるよりも、効果をねらってものを言うコマーシャルの言葉でしかなくなっている。さっき堕落の話が出たけど、チェ・ゲバラの頃と比べていちばん堕落したのは、政治の世界が、真実によってではなくて、広告で動かされるようになったということもある。メディアの役割も報道や情報提供じゃなくて、あからさまに情宣だから。政治の世界に、もはや真実はいらないということになっている。

宇野　マクルーハン*は、メディアそのものがメッセージであると、もうずいぶん前に言いましたね。メディアという形式が、そのままメッセージの内容を決定する。

鵜飼　それは、全体主義という枠組みのなかで、ナチも徹底的にやったことですね。ただ、ナチの場合は、広告の論理等ではなかった。ゲッペルス流の宣伝工作は、全体主義の問題として出てきたことで、アーレントや

＊マクルーハン（Marshall McLuhan, 1911 - 80）＝カナダの文明批評家。六〇年代以降、メディアをとおした文明論で注目された。主著に『メディア論』（1964、邦訳＝栗原裕・河本仲聖訳、みすず書房、1987）、『グーテンベルクの銀河系』（1962、森常治訳、みすず書房、1986）など。

アレクサンドル・コイレ*がある時期にやっていた、「政治的嘘とは何か」という問題でしょうね。

西谷　政治的嘘には対抗者がいて、「そうじゃない」という反論が出る。そうすると第三者がどっちが正しいか検証するというプロセスが生まれる。冷戦状態でも、冷戦下でもそうで、例えばアメリカが「向こうが発砲してきたから北爆をやるんだ」と言うと、北ベトナムは「そうじゃない」と言う。じゃあと、それを検証すると、アメリカの言ったことが嘘だったとわかる、*という構造があった。今はもっとも強力な政府から発される言葉が、世界の状況をつくっていくんだよね。そこが決定的に違うと思う。

鵜飼　9・11に関して言えば、声明文が出ていない以上、かつての北ベトナムやキューバといった相手はもはやいないわけです。だから、ある意味でビンラディンが存在しているかどうかも疑わしい。

我々はいまテレビや新聞だけじゃなくて、インターネットからも情報を得ている。ここのサイトは信頼度が高いからと、自分で選択して情報を得ることができるわけで、一元的にテレビだけで情報を得ている時代じゃない。それから、カタールの衛星テレビ局「アルジェジーラ」が出てきた。

＊コイレ（Alexandre Koyr, 1892-1964）＝ロシア生まれのフランスの科学思想史家。一九三九年、実証的研究に基づく画期的な『ガリレオ研究』（菅谷暁訳、法政大学出版局、1988）を発表。科学史学に大きく寄与した。

＊「トンキン湾事件」＝一九六四年八月、トンキン湾北側水域の公海上でアメリカの駆逐艦が北ベトナムの魚雷艇に二度にわたって攻撃されたとして、アメリカ空軍は制裁措置として北ベトナムの沿岸基地を爆撃。アメリカのジョンソン大統領は戦争遂行の権限を議会に求め、議会は圧倒的多数でこれを承認。アメリカは、これを契機に北爆と地上部隊の大量派遣に踏み出すこととなった。現在では、ロバート・マクナマラ国防長官（当時）が著書で「北ベトナム軍による二度目の攻撃はなかった」と暴露するなど、北ベトナム軍の攻撃はなかったことが明らかになった。

ビンラディンが存在していると我々がかろうじて信じられるのは、「アルジェジーラ」経由の情報があるからであって、もし全部アメリカのメディアだったら、「ビンラディンはハリウッドの俳優じゃないの」ということにしかならないでしょう。そういう意味で、古典的な公共空間で自由な言論というハーバーマス*的な理想論は、もう救いようがなく崩れてしまっている。このようなメディア環境でどういうふうに我々は判断していくのかと、憂愁や郷愁なしに問うべき時期になっている。

（*2002/08/31*）

＊ハーバーマス（Jürgen Habermas. 1929- ）＝ドイツの哲学者，社会学者。フランクフルト学派の代表者。戦後のフランクフルト学派の社会理論で知られる。主著に『コミュニケーション的行為の理論〈全三巻〉』（河上倫逸他訳、未来社、1985-87）、『公共性の構造転換』（細谷貞雄訳、未来社、1973）など。

Ⅱ

1 ネグリ／ハートの『帝国』

アメリカに対抗しうる意思

鵜飼　我々は九〇年代、歴史修正主義がどういうふうにヨーロッパで機能しているかという問題に取り組み、日本でもすぐ歴史修正主義者が出てきたから、それがどういうものかはだいたい見えてきましたが、先ほどの西谷さんの問題提起を受けると、現在進行中の出来事について、すでに歴史修正主義が始まってるわけです。そのようななかで、どう政治的な判断をするかという問題ですが、9・11については、さっき言ったようにさまざまなアフェクトやヴィジョンがある。どこかで、「やった！」という気持ちと、「アメリカの陰謀なんじゃないか」という疑惑とが同居してしまう。

これは、一つ間違えると、相手の退廃に我々も引きずられるということです。ここから「どう我々の側の健康な意思を保てるか」という課題が抵抗運動に不可欠な作業として出てきます。

西谷　そう、それに、アメリカを批判するとすぐに「反米」だとか言う連中がいるし、「反米」はまたすぐにナショナリズムだと言う解説屋もいる。しかし、やっぱり今のアメリカ国家の振る舞いは批判せずにいられない。あるいは世界の問題は、鵜飼さんが言ったように、パレスチナ問題じゃなくてイスラエル問題だし、今の世界の問題は「テロ」じゃなくて「アメリカ問題」なんだと言わざるをえないんでね。

鵜飼　「人類はこれをどうしたらいいのか」ということでね。もうモービィ・ディック*なわけだよ、アメリカ自体が。

西谷　それでは、モービィ・ディックがかわいそうだよ。

鵜飼　モービィ・ディックがいけないんだったら、我々は、リリパット*みたいなものか。そう言えば、「リリパット」を名乗る反戦グループがアメリカにあるようですが。

西谷　アメリカが批判されるのは、アメリカが一歩動くたびに全世界で

*モービィ・ディック＝メルヴィル（本書三九ページ参照）の長編小説に出てくる巨大な白いマッコウクジラ。この白鯨に片脚を咬みとられた捕鯨船の船長は、モービィ・ディックがこの世のあらゆる悪の化身だと信じ、復讐のために追いつめる。さまざまな人種を乗せた世界の縮図ともいうべき捕鯨船は、死闘の末、語り手となる一人の水夫を残し、海底の藻屑と消える。モービィ・ディックは、悪・神・自然などの意味を問いかけるものとして描かれている。

*リリパット＝イギリスの作家スウィフトの小説『ガリバー旅行記』(1726) に出てくる小人国の名。小説では、リリパットをとおして当時のイギリスの政治が風刺されている。

犠牲者が出るわけで、直接的にではないにしろ、日本でもすぐに住基ネットとか、有事法制とかが持ちだされる。そういうことを考えたら、アメリカに修正装置が働くまでなんて待っていられないよね。

宇野　修正するまで待っていられないというのはもちろんそうだよ。ただ、僕はちょっとニュアンスが違って、アメリカを批判するというふうに、アメリカという対称を特定し人称化してこの状況を考えることが戦略的に、思想の問題としても有効かということを考えてしまう。アメリカに関しての本質的批判はむしろ足りないわけです。つまりアメリカがいけないという論調――「攻撃された原因をよく考えて、アメリカは反省すべきである」「アメリカは裸の王様である」という論調には、僕は賛成じゃないわけ。それは批判としてあまりにも不十分で古典的だと思うわけです。やっぱりアメリカにはそれを修正する装置は働きようもないわけで、しばらく、あるいは永遠に続くでしょう、いろんな要素を総動員して。だからこそ、それに対抗しうる可能性をどこに設けるかを考えざるをえない。

西谷　思想の問題なんかじゃなくて、今のメディア状況のなかにどう介入するかということですよ。みんなが「テロとの戦争」などというものに否を言わない。それに対して、「これじゃあだめだ」ということを言わなくちゃいけない。

鵜飼　ラカンが*『論理的時間』で定式化した状況に近い。「急いでテロリズム反対と言わないと人間扱いされない」という、その競争状態に世界中が置かれたわけですよね。

宇野　もちろん一つの事件を「テロリズム」と言ってすます思考停止状態を少しでも打破する必要性はあったと思うけど、その思考停止状態に対しては、もっと具体的なレベルに働きかけなきゃいけないような問題ってあるんじゃないかな。例えば、『帝国』の「マルチチュード」のような対抗的要素があるとしたら、そういうことを話したいわけ。グローバリゼーションという問題があって、アメリカの支配に組みこまれている、日本の資本主義とナショナリズムを含めて、そうとう執拗に精巧に組み立てられた国家装置と戦争機械のネットワークがあるわけじゃない。それを抽出して論じたところでないと、対抗装置って出せないと思うわけよ。だから、アメリカの罪状と、アメリカの無意識、アメリカの自己欺瞞を並べたてるということだけでは不十分だと思うのね。

＊ラカン（Jacques Lacan, 1901-81）＝フランスの精神分析学者。一九六六年、論集『エクリ』（邦訳〈2巻〉＝宮本忠雄／佐々木孝次訳、弘文堂、1972/1972）の刊行により著名となり、構造主義の代表者の一人とされる。精神分析のみならず哲学・思想・文学研究に大きな影響を与えた。「論理的時間と予期される確実性の断言」（佐々木孝次訳）は『エクリ2』所収。

『帝国』をめぐって

西谷　『帝国』を読んでみて、とても納得するところがあった。というのは、湾岸戦争以降の「世界秩序」と我々が呼んできたものに対して、ネグリたちはアメリカを「帝国」だと言うんじゃなくて、その一元秩序そのものを「帝国」と言っているわけね。それによって、今のアメリカ国家の振る舞いを支えている国家装置と戦争機械と資本主義との結びつきを浮かび上がらせるような形での分析が可能になっている。そういう「帝国」として、今の世界をとらえることはまず納得できたんですね。だからこそ、いま、各国がそれぞれの思惑にしたがって、「帝国」に関与するという形で国内に対テロ特措法をつくり、国内の体制をネオ・リベラリスムふうに整備していくというプロセスがある。けれども、あの本への留保の一つは、一元秩序を帝国と呼ぶことによって、引き起こされるある種の認識論的な囲い込みとバイアスだよね。

宇野　「マルチチュード」という対抗運動のところを読んでみても、枠組みしか出てこないんだな。さっきから言っているような具体性をもつ政治的主体性をつくるところまではいっていないと感じる。ネグリの思考の抽象性をやはり感じる。もちろんその抽象性の強みは評価すべきものでもありますが。

鵜飼　マルクス主義の歴史のなかでは、基本的にネグリの思想は、大衆の自然発生性を重視する、ある種のローザ主義ですね。自然発生的な大衆をスピノザ的に存在論の方から基礎づけた仕事を、状況論として全面的にやったのが『帝国』だというふうに僕は見ています。

最初読んだ時に思ったのは、例えば金大中やアラファトのように自分の地域の利害をかけてアメリカと交渉する立場にある人たちがいて、彼らがアメリカに発するメッセージは、「あなたたちはエンパイアに責任を持たなきゃいけない立場なんだから、自分の国の利害だけを追求しないでほしい。そのことが長期的にはあなた方の利益にもなるんです」ということです。否応なくこのゲームのなかに入ってしまう。その時に、韓国の労働運動やオスロ路線*に反対のパレスチナ大衆は、どういうヴィジョンでこの構図と戦ったらいいのか。それと反グローバリゼーションのシアトル*以降の運動とが重なる形で、「マルチチュード」がイメージされていると思ったんです。

*ノルウェー・オスロでの秘密交渉を経て、一九九三年九月イスラエルとパレスチナ解放機構（PLO）との間で結ばれたヨルダン川西岸とガザ地区を対象とする、パレスチナ暫定自治に関する合意。

*一九九九年一一月三〇日、世界貿易機関（WTO）閣僚会議が米シアトルで開幕したが、会議粉砕を叫ぶNGOの数万人規模のデモが会場周辺を封鎖、開会式は中止、会場周辺に夜間外出禁止令が出るなどの異常事態となった。結果、WTOの閣僚会議は決裂し、新ラウンドの立ち上げは延期せざるを得なかった。

ただ、政治的な分析をする時には、パレスチナで言えば、ＰＬＯ的なものとパレスチナ大衆を絶対的に切り離してしまうと、我々が見てきたような新左翼的不毛性に結局陥ってしまうのではないかという危惧もあります。その点では、あまり新鮮さが感じられなかった。

構図としては、ローザとレーニンの論争の一つのリメークかな。あの本はドゥルーズ／ガタリの書いた本以上に、ネグリが書いたところとハートが書いたところが分離できる。ネグリの仕事の面白さは、アガンベンもそうだけれども、イタリア人ならではのローマ帝国についてのリアリティと知識がきちんと組み込まれていて、我々が普通メタファーでしか言わない、パックス・ロマーナからパックス・アメリカーナへの具体的な連続性を、帝国の没落までを含めて、歴史的なヴィジョンとして押さえている。そのネグリの持っているヴィジョンは、検討の余地はあるとしても、細かく見ていくと、面白い部分がたくさんあると思う。

西谷　労働の質が変わっていくということを言っているね。これを構成的権力の大きな要素というふうに位置付けているんだけど……

鵜飼　『帝国』では「情動の労働」を重視していますね。僕は、ドゥルーズ／ガタリが『千のプラトー』の時期に情動を強調したときには、これまでにない情動の発明ということを主として考えていたと思うんです。『帝国』の「情動の労働」は、ケア労働とか再生産可能な情動が軸ですね。僕の友人にもこの領域で働いている人が増えていて重要な提起だとは思いますが、哲学的には少し平板化されているかなという感じも……。抵抗においてぎりぎり発明されざるを得ない情動に、むしろドゥルーズの思想の政治的なインパクトを求めたいと思う。繰り返し言うけど、アメリカが出てきたときに、我々のなかに複数の情動が起こるわけですね、必然的に。

宇野　抵抗を一律に、一義的に定義することはとてもできない。例えばドゥルーズとネグリでは微妙な違いが出てくるしね。そこで「抵抗の主体性」とあえて言うならば、ガタリが主体化と主体性という言葉を非常に特異な意味で使っていたことを思いだすわけです。その問題と、フーコーが「破廉恥な人々」のなかで示したような問題、つまり権力と一つの身体とが、どこで衝突して、どこに特異点が生まれるかということですね。それを敏感に特異な政治学として展開したのがジュネだと思う。ニューヨークでのこういう事件があったときに、そういう特異性の観点というのは、もう古くなってしまったのか、それとも、再構成する余地があるのか。さっき、アメリカだけを人称化すべきじゃないと言ったけど、逆にアメリカを特異化する、アメリカがどういうリヴァイアサンであるかを照らしだすという問題があると思う。そのためアメリカを極度に非人称化するということも、その一つの方法でありえます。

鵜飼 ジュネの場合は、パレスチナ解放闘争のある局面での情動と、自分の固有の情動とがぶつかったところで、幾つかのテクストを残したわけだけれども、その波動は9・11を横断して作用し続けていると思う。マイノリティの政治においては、本当に追い詰められて、それこそ動物が臭いを発するように、これまでにない情動を発明しなくてはならない。発明がなされなければ、運動の方が腐敗する。その発明の条件はつねにいっそう困難であるけれども、そこで何か新しい出来事が起きない限りは、「テロリズム」と「安全」という網に捕獲されてしまう。「安全」と区別できるような、「安全」との差異において感じられるような「平和」は、アフェクトの発明なしにはありえないと思う。『恋する虜』*や『千のプラトー』の「戦争機械」の章には、この方向への示唆があるでしょう。一方で、我々が受動

＊ジャン・ジュネ『恋する虜——パレスチナへの旅』（鵜飼哲訳、人文書院、1994）。ヨルダンに於けるPLO弾圧、国外追放という「黒い九月」事件ののち、パレスチナの惨事について、ジュネが生涯をかけて著した書物。

的に感受するアフェクト、発明される以前に日々反復され再生産されているさまざまなアフェクトとの交渉を通じてしか、そういう差異＝発明はありえないでしょう。

『帝国』と諸問題

鵜飼　二〇〇二年九月の「ETV2002」で、『帝国』について西谷さんと酒井隆史さんが対談された番組を見ながら思ったことの一つに、「帝国」という言葉を、「帝国主義」という言葉との対比でどう受け取るかという問題があります。ネグリは、特異なタイプとは言えマルクス主義哲学者ですから、当然マルクス主義の思考伝統のなかのさまざまな帝国主義論を踏まえて、「もはや帝国主義の時代ではない、帝国の時代だ」と言っている。そのニュアンスを、番組としては表現しているんだけれども、帝国主義論を知らない世代の人が見たときに、どういう誤解がありうるかと考えてしまいました。

西谷　最初に鵜飼さんが言ってたこととも関係するね。

鵜飼　番組での多国籍企業の話ですが、資本主義論としては、下部構造は多国籍企業という形態を採った世界資本主義の存在の在り方にあるわけです。帝国主義と帝国の端的な違いは、帝国主義は複数なんです。帝国主義間戦争である以上、帝国主義が単一の帝国主義ということはあり得ない。それに対して、もはやアメリカは多々ある帝国主義の一つではないという認識が、インペリアリズムからエンパイアへというパラダイムチェンジを要請している。ここにネグリ／ハートの議論の一つのポイントがあると思うんです。

多国籍企業と言うからには、アメリカ国籍だけではないし、多国籍企業が世界的に展開することは、多々ある国籍の一つがその資本の利害を防衛するという形にはならないわけですね。そうすると、この資本主義のネットワークの利害を防衛するような軍事機構とはいったいなんなのか。その一つはＰＫＯだけれども、それにも大きな問題がある。国連には、多国籍企業と関わりの深い安全保障理事会と、そうではない国が多数を占める国連総会とがあって、矛盾が激しくなっている。また、ＮＡＴＯも含め、いま緊急に動ける軍事機構はアメリカの軍隊しかない。こうした圧倒的なリアリティのうえに、アメリカの個別利害が、あたかも普遍的利害であるかのように、その物理的・軍事的な力を背景にして貫徹されていくということとですね。

　ですから、これは非常に新しい状況であると同時に、近代の政治の起源でもある。我々はこれまで「政治、政治」と、それが何かを知っているかのように言ってきたんだけれども、これまでこの言葉でなにを意味してきたのか、ということが改めて問われる状況になってきている。そのことが一方でマルクスの思想的な遺産に、それからホッブズ*のような思想家に一度戻ってみることを通して見えてくると思うんです。

　アメリカは、自らの個別利害を普遍的な利害として貫徹させるときに軍事力に訴える。この形は、大統領がクリントンであれブッシュであれ変わらない。そのときにどれぐらい普遍化する手続きを取るか取らないかという手法の差異が、対立ではなくて差異が、クリントンとブッシュにはあって、その差異がまさに何票差で勝ったのかよく分からないような大統領選挙の結果、非常に暴力的な形で突出して、この一年半、世界の形が変わってしまった。ブッシュが大統領になり、９・11が起き、アフガニスタンの戦争があり、そして今、対イラクの戦争が準備されている。プロセスが加速化されてしまうことで、新たな質の政治的な強度に、我々は直面してい

*ホッブズ（Thomas Hobbes, 1588-1679）＝イギリスの哲学者・政治思想家。「万人の万人に対する戦い」から出発し、社会契約による国家の形成を説明し、近代自然法にもとづいた国家の絶対主権を理論づけた主著『リバイアサン』（水田洋訳、岩波文庫）で有名。

ます。

八〇年代の始めには、一〇年後にソ連がなくなるとは、我々は想像していませんでしたが、それ以降のことは、誰かが全部準備していたのではなく、いろんな偶然的な条件のなかで、考えているよりも早く事態が展開してきている。

『帝国』の議論の一つのポイントは、地政学から時政学へというか、地理的な地政学から時間の政治としての時政学への転換。いまアメリカが国連に対して掛けている圧力もそうですね。「新たな国連決議を早く出せ」「出した後は二ヵ月後にケリをつける」、つまり時間を切っていく。湾岸戦争のときもそうです——アラブ連盟でのアラブ人同士の議論を断ち切る形で戦争に入っていった。今もアメリカは議論の時間を最小限にすることで、自分たちの意志を貫徹させようとしている。少なくとも民主主義的な政治は、これまで討議の時間や判断の時間を最大限に取ることを前提にしていたけれども、湾岸戦争以降は、この時間を極小化する方向で事態が進展している。「イラクがいつ大量破壊兵器を作るかわからないから時間がない」「民主主義を防衛するために民主主義的な手続きは取れない」——こういう議論がまかり通っているわけです。このプロセスにどう抵抗できるかが、問題だろうと思うんです。

西谷　『帝国』は、国民経済時代の『資本論』の、グローバリゼーションの時代におけるバージョンアップという側面がある。鵜飼さんも帝国主義にふれたけど、帝国主義とは、国民経済の防衛と展開として動く国民国家の対外政策ですね。そして、国民国家と国民経済が構造的に一致している時代の戦争が、ナポレオン以来の諸国民戦争の枠組みをベースにして起き、そこで社会的な権力関係の分析から階級闘争が出てきて、労働者と資本家とその資本家の利害を代表するブルジョア国家という構図になっていた。その時点で労働者は、国家機構のなかに自分たちを代表する者を持たないから、逆に国家に縛られない者としてインターナショナルに連帯することになる。そういうのがマルクス主義だった。けれども、資本そのものが国家の枠を超えて多国籍化していくことで、国家と資本とが結びつく構造はすっかり変わった。それに対応して労働者の位置も、もっと流動的、無規定的になり、自分たちが移民労働者になったりすることもあって、インターナショナルなどと言う必要もなくなる。

そこで、権力をめぐる対抗関係をどう組み直すかというときに、ネグリたちが見いだしたのは、帝国権力とそれに対応する多国籍的な組織化、そしてそれに対抗する「マルチチュード」という構図だった。その意味ではネグリは本当にマルキストなんだね。資本主義をつくるのは労働者だ。哲学的にもそうで、主人の存在を支えるのは奴隷で、奴隷は主人になる論理的根拠がある。だから共産主義革命は歴史的に必然なのだという。そればかりか、資本主義を推進することは良いことだ、それによって革命の条件が熟するんだと。

鵜飼　そういう意味で古典的マルキストですね。

西谷　マルチチュードは、労働者インターナショナリズムが資本に先行して国境を越えて多国籍化し、グローバル化を推し進めて、帝国を形成する一番の原動力になったと言う。いろんなところでマルチチュードのほうが先行して、闘争には負けても目的を実現するんだと。そして帝国も、マルチチュードのさらなる展開によってこそ覆されると。だから、マルクス主義の基本的な発想は全部引き継いでいるから、グローバル化の時代の階級闘争史観ということになる。そういうふうに言ってしまうと身も蓋もないんだけど。

宇野　ドゥルーズは、ネグリとの短い対話*のなかで、まったく新しい状況に、「管理社会」という形態に、権力のメカニズムが移りつつあるという、その認識がネグリではマルクス主義と強固に結合しているわけです。ですから『帝国』は、マルクス主義のバージョン・アップと言えるかもしれないと同時に、やはり、ヨーロッパのフーコー以降の権力論と、フーコーが提出したミクロ物理学的な中心のない権力像をあらためて定義しています。それからまた、『千のプラトー』の世界像をめぐって、イタリアのアウトノミア*的な立場から再整理したという面があると思う。

僕が読んで記憶にあるのは、「帝国」の形態は、独特に新たな抵抗の形態をつくり出すということ。その権力は労働組合とか政党という形での媒介なしに、無媒介にマルチチュードと衝突する。そういう無媒介の状況が現れることがマルチチュードの側での抵抗運動のチャンスだ、という言い方をしているわけです。興味深いけれども、そのことの具体性が、もう一つわからない。

ネグリの小さな本*なんかも読んでいると、印象的なのは彼の楽天性なん

*ドゥルーズ「管理と生成変化」、『記号と事件――1972―1990年の対話』（宮林寛訳、河出書房新社、1996）所収。

*アウトノミア＝七〇年代半ばにイタリアで起きた新しい大衆運動の総称。自治、自立の意味。この運動の代表的理論家がアントニオ・ネグリ。

*ネグリ『未来への帰還――ポスト資本主義への道』、（杉村昌昭訳、インパクト出版会、1999）

ですが、と同時に、労働の変質、労働の再定義という方向をすごく考えていたと思うんです。ガタリもそうだと思うし、とりわけイタリアの、たぶんグラムシ*なんかの延長だと思うんだけれども、労働の再定義という面で、やはり情報労働という新しいタイプの労働が権力の新しい形態を生み出しているると同時に、それを崩していく可能性がある。ネグリがこういう労働の再定義や再評価を盛んにやっていることは、いつも新鮮に思うんです。

西谷　そういう情報労働という考えが出てくるのは、物理学的に根拠があって、アダム・スミスの頃は、市場に出てくるものの価値から労働の価値を割り出したでしょう。おそらくアダム・スミスというのは本質主義的な人ではなくて形式を測る人だから、市場での商品の価格から労働力の値段を測った。それを、そういってよければ実体論的に、というよりも存在論的にかな、労働力がそういう形で商品の中に結実して測られる、その根拠は何か、ということを考えたのがフロイトとバタイユなんですね。本人たちはそんな気はなかったにしても、エネルギー論というのはそういう役割をもちます。つまりそこで経済学は、商品経済からリビドー経済というか、エネルギー論に開かれて、熱力学の第二法則のレベルまでおりるわけ

＊グラムシ（Antonio Gramsci, 1891-1937）＝イタリアの政治家・思想家。一九二一年イタリア共産党の結成に参加。反ファッショ闘争を指導し、逮捕、投獄。第二次大戦後に膨大な獄中ノートが刊行され、その歴史、政治、哲学、言語、文学にいたる広範な考察は戦後の思想界全体に大きな影響を与えた。邦訳書は『グラムシ・セレクション』（片桐薫訳、平凡社ライブラリー、2001）など。

です。それに、二〇世紀になってたとえばものの運動は物理的には正確に測れないということがわかってくる。情報はエネルギーに転換できるから、観察そのものが計測を偏らすんですね。そうすると情報に携わること自体が、エネルギーに関わる労働であるという根拠が出てくる。グローバリゼーションの基盤はそういうことと結びついていると思う。いろんなことが領域横断的になってきていますが、ミクロなレベルのほうにうんと引き寄せていくと、いままで基本単位と思われていたものが次から次へと透過されていってしまう。

もうひとつ『帝国』で面白いのは、NGOを両義的な形で評価していること。NGOは、非政府機関であることによって、このグローバル化の時代にきわめて大きな触媒的な働きをしている。事実、外交の実務面でしばしば実質的に働いているのはNGOで、どこの国でも外務省や国務省はそれに乗っかっていて、規制しようとしているだけのことも多いでしょう。例えば、二〇〇二年八—九月の南アフリカの環境・開発サミットでも、それぞれの政府の代表が「こういうことをやります」と言うんだけれども、実際にやっているのはNGO。NGOのフォーラムだけが実質的に機能している。そのＮＧＯが国家の枠にとらわれないで、かつ国家を利用しながら動いていく。けれどもまさにそういう形で、国家のエージェントでもあるという、その両義性をネグリたちは強調している。あたりまえといえばそうだけど、これは重要な観点だと思った。

でも、「テロとの戦争」が呼号されているときに、「帝国」という言葉はあまり使いたくない。「帝国」と言うと全部それですんでしまうような感じで、いろんな問題が問われずにすまされていく可能性のほうが大きい。「テロ」という言葉と同じで、まともなタームにならない。だから「帝国」という言葉は使いたくないんだけど、地球があらゆる交通通信網とか、人の行き来とかで、一つのコミュニケーション・システムになったことは確かだと思う。そこで起こる現象を一元的にとらえるために「帝国」というふうに言うとしたら、それはそれではっきりしている。その一元秩序は性質からして流動性が高いから、負荷をかけないと安定しない。そこで軍事力が前面に出る。それが「テロとの戦争」だとすると、ここで抑圧と排除の対象になるのは、他でもないＮＧＯなんだよね。

つまりアルカイダだって多国籍企業やＮＧＯと同型なんだよね。完全にノン・ガバンメンタルなオーガニゼーション。アメリカがかつて、まさに反共の非政府的なエージェントとして使い、資金も出し、今度はアメリカによって抹消されるべき存在になってしまったと考えると『帝国』は、NGOの両義性について、なかなか鋭いことを言っていると思ったんです。おそらくネグリの考えはそういうことではないかもしれないけど、そう読める。だから「帝国」という言葉を使うか使わないかは別にして、冷戦後の世界についてのきわめて刺激的な見通しを出している。

『帝国』についてもう一言だけ言うと、グローバル化した世界の新しい未知の状況を描き出すときに、どうしても自分たちが持っている参照項に頼るんだけど、そうするとどうしてもローマ帝国になる。でもそれはたんにローマ帝国じゃなくてキリスト教ローマ帝国ですね。

鵜飼 ローマは共和制でもある。

西谷 共和制でもあるんだけど、やはり継承されるのはキリスト教化されたローマで、だからマルチチュードと帝国権力との関係、あるいは両方できる世界のヴィジョンというのは、アウグスティヌスの両世界論*に二重写しになってしまう。だいたいマルクス主義自体がそうだったんだけどね。

*アウグスティヌスの『神の国』で展開された「神の国」と「地の国」との対立を軸にした歴史神学で、歴史に預言とその成就という時間的構成を重ね、最終的な「神の国」の実現を構想した。近代のヘーゲルの歴史観にいたるまで、後のキリスト教西洋思想に大きな影響を与えた。

2 地中海世界イタリア

鵜飼　このところネグリやアガンベン*といったイタリア人の思想家の仕事が注目されてますね。フランス人の仕事に比べるとやや軽いんだけれども、今の状況にはそのいい意味での単純化がマッチしているというのかな。だからデリダとかドゥルーズとかフーコーから今の状況を読み解く鍵を探し出そうと思うと、こちらで加工しないとなかなかマッチしないんだけれども、アガンベンとかネグリは、いま自分たちの危機感のなかでこれまで蓄積した教養や活動の経験を変形して一つの思考の形を切り出してくる。これには必然性があって、いま、世界的な議論の軸になっていると思います。

宇野　議論の材料として『発言』*という本を取りあげてみると、そこで

＊アガンベン（Giorgio Agamben, 1942-）＝ヴェローナ大学哲学教授。著書に『人権の彼方に——政治哲学ノート』（高桑和巳訳、以文社、2000）、『中味のない人間』（岡田温司・多賀健太郎・岡部宗吉訳、人文書院、2002）、『スタンツェ——西洋文化における言葉とイメージ』（岡田温司訳、ありな書房、1998）、『アウシュヴィッツの残りのもの』については本書六〇ページ参照。

＊『発言——米同時多発テロと23人の思想家たち』（中山元編訳、朝日出版社、2002）

さまざまな論者が9・11を契機に、政治あるいは政治的なものを再定義していることに気づきます。アガンベンは「安全保障とテロリズムが単一の死のシステムをつくり出すと」と言う。安全保障は、逆に例外状況に依存しなければならなくなる。その結果、「社会がますます脱政治化する」ことになる。エドワード・サイード*は、宗教的でない世俗的視点を中心概念として提唱している。ポール・ヴィリリオ*は、紛争を政治的な方法で処理しないと、軍事的なアナーキーが訪れる可能性がある、という言い方をしています。ハーバーマスならば、政治的なものが新しい形で再び登場することを願うというふうに主張しています。ネグリは、世界的なグローバリゼーションによって市場の法則自体が破綻しつつあり、そこに国家の圧倒的な介入がどうしても必要になると言ってます。こういうヴァリエーションを見て思うのですが、全体として、フランス、ドイツのように二〇世紀の哲学の重い伝統を持っていないアガンベン、ネグリのようなイタリア人の方が、自由にものを考え、具体的な問題を論じはじめ、何とか政治的なものを再構築しようとしているように見えます。

鵜飼　僕はそのアガンベンの「秘密の共犯関係」(『発言』所収)を読んで

＊サイード(Edward W. Said, 1935-)＝イギリス委任統治下のパレスチナ西エルサレムに生まれ、エジプトを経て、渡米。一九七〇年以降、コロンビア大学の英文学・比較文学教授。主著は『オリエンタリズム』(今沢紀子訳、平凡社ライブラリー、1993)。また、パレスチナ問題にも積極的に関わり、著書も多い。9・11以降のサイードの論文を集めた『戦争とプロパガンダ』(3巻、中野真紀子他訳、みすず書房、2002)がある。

＊ヴィリリオ(Paul Virilio, 1932-)＝都市計画研究者。パリ建築大学学長。哲学、建築、都市論、メディア論など広範な領域で精力的に活動している。著書は『速度と政治——地政学から時政学へ』(市田良彦訳、平凡社ライブラリー、2001)、『幻滅への戦略——グローバル情報支配と警察化する戦争』(河村一郎訳、青土社、2000)など。

いないし、彼の9・11後の発言をちゃんと覚えていないんですけど、たしかホッブズを取りあげていたと思うんです。いま「安全」という標題のもとに論じられていることは近代の政治学の起源に返ったに等しくて、「安全」という言葉は本来とても古いものですけれども、そこに新たな響きが出てきた時期ではないかとも思います。

戦後のイタリアとフランス

鵜飼　七〇年代から八〇年代にかけて、イタリアの新左翼の政治指導者は一網打尽にされて、刑務所に入りきれないほどの政治犯がいました。まさにその世代の知識人としてネグリたちがいるわけですね。

西谷　ムッソリーニを倒したのは左翼パルチザンだったから、そのままだったらイタリアは戦後は左翼の国になったはずだね。ところがヤルタ会談*の結果、冷戦構造の最前線に立たされることになってしまった。結局、民衆の意識と国家構造を、アメリカの経済援助とNATOの軍事基地で押さえつけてきた戦後だったんだね。そのことはあまり目立たなかったけれど、やはりその軋轢があって、イタリア共産党をはじめとして左翼がずっ

＊ヤルタ会談＝第二次大戦末期の一九四五年二月、クリミア半島の保養地ヤルタで開かれた、ルーズベルト、チャーチル、スターリンによる戦後処理の基本方針について協議した会談。ドイツの戦後処理、国際連合設立などについて協定した。また秘密協定も結ばれた。

と強い力を持っていた。じゃ、イタリア共産党が実情を反映していたかというと、そこはソ連との関係もあって、簡単にはいかない。そこでアウトノミア的なものが強く出てきたんだと思う。

戦後世界のなかでイタリアが置かれた状況は、両方から万力に締め付けられるようなもので、左翼政党も右派政党も、どちらにしても冷戦下の国際エージェントみたいになる。アウトノミアというのは、基本を考えてみれば、自立とか自分の意志で動くことでしょう。それが社会的緊張を激化させてきた。冷戦が緊迫していた時代にイタリアでは、知識人もけっこうきつい経験をしてきていると思う。

鵜飼　そういう政治と知的な作業の距離をパリで見てみると、例えば、八二年にイスラエルがレバノンに攻め込んだときに、ミッテラン大統領は、ただちにエリゼ宮にボーヴォワールとヴィダル＝ナケ*とロダンソン*とフーコーを呼んで話を聞いている。こんなことをやっている国はほかにない。フランスの権力構造は、意外に君主制の時代にできちゃっていて、知識人は、それこそ例外的な瞬間には、君主の顧問として振る舞わざるを得ないということもあるのかな。ミッテラン以前はドゴールとマルローのような

＊ヴァイダル＝ナケ（Pierre Vidal-Naquet）＝フランスの歴史学者。著書に、ユダヤ人撲滅とガス室の否定という歴史を歪曲し捏造する歴史修正主義者と反ユダヤ主義に反駁した『記憶の暗殺者たち』（石田靖夫訳、人文書院、1995）がある。

＊マキシム・ロダンソン＝フランスの社会学者。著書に、普遍的な宗教・思想としてのイスラームと資本主義の出現する歴史時代のイスラーム諸国の社会変化の相互関連を解明した『イスラームと資本主義』（山内昶訳、岩波現代選書、1998）がある。

例外的なカップルもあったけれども、ミッテラン以後構造として見えてきた。

宇野　あの頃はガタリまで政権に直接ものを言っていたようです。ジャン＝ピエール・ファイユ*とか、いろんな人が集まってやろうとしたんですよ。そのうち沈静化してきたけど。

鵜飼　ドブレ*がミッテランの顧問になったということもあって、一気にひとつの形ができた時期があった。パリへの中央集権の構造を背景にして政治と学問領域の距離が、イタリアの場合より近かった。イタリアの場合、中央ではなく地域で、ヴェネチア市長になったカッチャーリ*の例が典型だと思うけれども、知的な作業と政治過程がいい意味で短絡し得るような状況があったんだと思うんです。

宇野　イタリアには、ある種の民衆の存在というのがある。フランスにはないような形で、民衆の場所があり得たということかもしれない。ドゥルーズもつねに問題にしていたことです。それが持続してアウトノミアにつながっていくのでしょう。

西谷　ネーション・ステートの形成がずいぶん遅かったから、やはり農

＊ジャン＝ピエール・ファイユ＝一九二五年生まれ、作家、思想家、雑誌『テルケル』に参加した後、六八年ジャック・ルボーなどとともに『シャンジュ』を創刊した。著書にLangages totalitaires（1972『全体主義の言語』）、La raison narrative（1990『物語的理性』）などがある。

＊ドブレ（Rgis Debray）＝現代フランスの政治家。一九六五年キューバのハバナ大学に交換教授として赴任。その後、ボリビアに潜入、反政府ゲリラの政治顧問として活動。六七年ボリビア政府軍によって逮捕され、七〇年に釈放。社会党の理論家として活躍、ミッテラン政権の政治顧問を務めた。邦訳書としては『新版ゲバラ最後の闘い―ボリビア革命の日々』（安倍住雄訳、新泉社、1998）のほか、新しいメディア論「メディオロジー」を扱った『レジス・ドブレ著作選』（NTT出版）が刊行されている。

＊カッチャーリ（Massimo Cacciari）＝現代イタリアの哲学者・政治家。

民的なものがあるんだね。

鵜飼　南北格差がものすごいから。七〇年代まで移民の輸出国だったし。

西谷　ベルトルッチの映画『一九〇〇年』*の雰囲気ね。

アガンベンとフーコーの生の政治

鵜飼　フーコー、アガンベンのラインで問題になるのは「生の政治」ですね。先ほどの政治の問題と、西谷さんが提出したエネルギーと情報の問題、この二つの問題設定がつながるところにやはりニーチェがいるだろうと思うんです。ニーチェの永劫回帰の思想は、エネルギーと情報が転換可能だということを最初に衝撃的な形で語った思想であるとも考えられる。熱力学との関係もニーチェなりに接点を持とうとして、パリで生理学の講義を聴いた時期もある。その辺はクロソウスキー*が一時追いかけた問題です。そうすると、ニーチェが生ということで考えたことのなかには、同時代的なベルグソンとの親近性もあるんだけれども、記憶の問題であるとか、現在情報というレベルで考えられていることが含まれていたと思うんです。

ヴェネチア市長を務めた。著書は、ベンヤミンの「新しい天使」をとおして哲学、神学、歴史、芸術に現れる天使たちを描く『必要なる天使』（柱本元彦訳、岡田温司解説、人文書院、2002）などがある。

*『一九〇〇年（NOVECENTO）』＝ベルナルド・ベルトルッチ監督、ロバート・デ・ニーロ／ジェラール・ドパルデュー／ドミニク・サンダ主演の伊・仏・西独映画（1976）。一九〇〇年に生まれた地主の孫息子と小作人頭の孫息子の成長を通して、二〇世紀前期のイタリア現代史を描いた三一六分の長編映画。

*クロソウスキー（Pierre Klossowski, 1905-2001）＝フランスの作家、思想家。ニーチェ哲学の翻訳研究や神学を学び、バタイユの影響を受け、独自の思想を展開する。代表作は小説『歓待の掟』（1965、邦訳＝若林真・永井旦訳、河出書房新社、1987）、評論『わが隣人サド』（1947、邦訳＝豊崎光一訳、晶文社、1969）など。

アウシュヴィッツで「裸の生」というものが露わになってしまった。それをどう考えるか、いろんな人がここ一五年ぐらいの間に接点をつけようとしてきました。フーコーの『性の政治学、第一巻』*で出された問題が『ショアー』と重ねられ、アーレントの『全体主義の起源』*や『イェルサレムのアイヒマン』*と掛け合わせるような作業が進んで一つの思想の形が出てきた。九〇年代の初めに、すでにアガンベンは、「難民の存在から政治を考え直さなければいけない」と言い始めていたと思いますが、これはちょっと単純じゃないかと思うんです。

ＰＬＯとパレスチナのことを少したどってみたいと思います。六七年までにＰＬＯはすでに結成されていたけれども、イスラエルのなかのアラブ人、レバノンやヨルダンの難民も、兄弟国であるアラブ諸国がいつか団結してイスラエルを打ち負かしてくれると思っていたわけです。「国民である」ことの定義は、「自分が保護されている」ことを忘れられるということですね。難民は、忘れられない形で保護を受ける。それ自体が大変屈辱的な経験だった。そういう難民キャンプからＰＬＯが生まれていくプロセスは、難民という在り方から、ほとんど動物的な意味で脱皮してある

＊ミッシェル・フーコー『性の歴史Ⅰ　知への意志』（1976、邦訳＝渡辺守章訳、新潮社、1986）

＊ハンナ・アーレント『全体主義の起源』（1951、邦訳〈全三巻〉大久保和郎／大島通義・大島かおり訳、1981）

＊ハンナ・アーレント『イェルサレムのアイヒマン――悪の陳腐さについての報告』（1963、邦訳＝大久保和郎訳、みすず書房、1994）

新しい人間が生まれてくることであり、ジュネが見たパレスチナはこれでした。

そうすると、難民からもう一度問題を立て直すという選択は、新しい出発点でもありうるが、ある種の退行でもありうるわけです。アガンベンの「難民」とネグリの「マルチチュード」の間には、やはり位相差がある。僕はアガンベンが「難民から」と言うときに、「そこから何が見えてくるのか」という意味では、冷戦が終結してしまって、これまでのような解放のメルクマールが設定できなくなり、仕方なくそこに退行しているという面もないとは言えないと思うんですね。その像のなかにアーレントもフーコーもあり、レヴィナスもハイデガーもあり、という意味では複雑ですが。

ギリシア的な意味でのエートスをビオスの側に振り、人間がほとんど動物的な生に還元されてしまうところにゾーエーを見ると、ひとつ間違えると新手の人間中心主義が介入する可能性がある。人間はビオスであるはずなのにゾーエーに還元されるというふうに立てると、もう一度、一種の疎外論的な構図に回帰してしまう危険があるのではないか。人間は理性的動物であるというアリストテレスの定義がほとんどゾーエーとビオスの区別に対応してしまうような形で理解されているところを、ハイデガーは、アリストテレスにおいてすでに存在が忘却されているからこういう人間の定義が出てくるんだと批判したけれども、ハイデガー研究者であるアガンベンがこの脈絡をどう押さえているのか、僕には少なくとも疑問としてある。

むしろ、ビオスとゾーエーの違いに即して言われてきたことを、これまでゾーエーだと思われてきたもののなかにどう見いだすことができるか。アガンベンのアウシュヴィッツ論では、「人間であることの恥」の問題でも、基本的に主体を中心に議論が組み立てられているけれども、僕は、この問題を扱ったとき、主体ではなくむしろアフェクトの問題に軸を置いて考えた。基本的な情調ではなく、むしろドゥルーズ／ガタリがある時期考えたような、普遍的な構造でもあれば、同時にプリーモ・レーヴィが発明したアフェクトでもあるような。アガンベンは、この角度からの検討をなぜか極力切り縮めているような印象もある。

西谷　ビオスとゾーエーというのは、最近みんなあまり読まなくなったから気づかれないんだけれども、ギリシア古典学のなかではすごく基本的な区別なんですね。ケレーニイも『神話と古代宗教』*のなかでかなり触れている。アガンベン自身もその二相が別個にあるものだと言ってはいないけれども、それをドーンと原理に持ってきたから、ちょっと効き過ぎたんじゃないかな。

鵜飼　一方では、裸の生に対する一種の眩惑を生み出す効果もあって……

西谷　そのあたりで、アガンベンはバタイユのことを軽く批判している（『ホモ・サケル』*）。バタイユは『マダム・エドワルダ』*の最初のエピグラフで、孤独に、都会の闇のなかに身をひそめて、ただ死を待つだけの、「至高者」という形象を描き出している。それをバタイユは、「彼の死んだ至高性＝主権は身をすくめて恐るべきことを待ち受ける」、というわけ。この「主権」というのは、バタイユの使い方のほうが正しいと思う。政治的概念ではなく、もっと広い生存における主権＝至高性ということだから。バタイユは、さっき言った政治的、宗教的なことが全部引っ掛かってきて、むしろ分化できないところで、ある力の極のようなこととしての主権のことを言っている。

＊ハンガリー出身の古典神話学者カール・ケレーニイは、『神話と古代宗教』（高橋英夫訳、ちくま学芸文庫、2000）でギリシア・ローマ古代宗教の神話的位相を解明し「ビオスとしての宗教」を提示する。

＊ホモ・サケル＝ミシェル・フーコーの「生政治」をめぐっての『ホモ・サケル』三部作（以文社より邦訳近刊）

＊『マダム・エドワルダ』――バタイユ作品集』（生田耕作訳、角川文庫クラシックス、1976）

鵜飼　主体批判だよね。

西谷　徹底的に主体批判だと思う。じつは『マダム・エドワルダ』というのは、そのことを書いた小説なんだ。でもアガンベンにはアガンベンの狙いがあって、現在の政治哲学とか、法的なディスクールの持つ問題点を明らかにしようという観点がある。バタイユは裸形の生と言っているわけで、アウシュヴィッツのことを言ったわけじゃない。日常生活のなかの人間について言っている。戦後の世界では、潜在的にはあらゆる人は収容所の人だから、このことをあまり簡単に切り捨てられないんじゃないかと思う。

鵜飼　切り捨てられないどころか、「人間であることの恥」って、それこそアダムとイヴまで遡る歴史性を背負った表現であって……

宇野　アガンベンには、自分の時代性をポスト・ポスト・モダン的な問題として設定しようという意向が明らかに見られる。ポスト・モダンの推しすすめた主体批判から距離をとってその主体批判を踏まえたうえで、主体性を再構築しようとする傾向が見えます。例えばリクールなんかの「他者としての自己自身」といった、あらためて自己を論じようという形の問題提起とも共振するような姿勢があります。レヴィナスには他者論と対になっている主体論が強固にあるけれども、それもアガンベンは参照しています。ドゥルーズ／ガタリあるいはフーコーがあまりアウシュヴィッツの問題にはじかに触れなかったのに対して、これも積極的に引き受けようとします。

そしてアガンベンがゾーエーと言い始めたのは、フーコーの生‐政治学を再考しようとする、という意味があるでしょう。「生きさせる」ということの裏側には大量の人口を死のなかに投げ込むことが対になってあるというあの衝撃的な図式が、ゾーエーという概念に結びつく。アウシュヴィッツも、そういう対概念の現われであることは、フーコーも言っていたはずです。そしてアガンベンはアウシュヴィッツについて語るのに、バンヴェニスト*を引用したりする。ドゥルーズはバンヴェニストを『千のプラトー』のなかで主体の言語学として批判したんです。このバンヴェニストをわざわざアガンベンが取り上げるところはかなり象徴的でしょう。彼はドゥルーズを読んでいるし、影響も受けているし、使ってもいるけれど、ドゥルーズが批判した理論をもう一度復活させるような形で思考しているところ

＊バンヴェニスト（Emile Benveniste, 1902-76）＝フランスの言語学者。フランス構造主義言語学を代表する言語学者の一人。印欧語の比較言語学研究で一般言語学の領域に多大な貢献をなした。主著に『一般言語学の諸問題』（河村正夫訳、みすず書房、1996）、『インド＝ヨーロッパ諸制度語彙集』（全2巻、前田耕作監修／蔵持不三也他訳、言叢社、1986-87）など。

もあるよね。

アガンベンと9・11

宇野　それからマイノリティの問題として、ゾーエーの状態に投げ込まれた、死の淵に投げ込まれたマイノリティというのは、鵜飼さんが言ったように、抵抗も運動もあり得ないようなところに追い込まれている。これも、確かにあるときから非常にあからさまにあいついで起きた事態に違いないんだけど、アウシュヴィッツがあってその後、必ずしも問題として立てられていない。

生‐政治学との関連で、そういうマイノリティの問題までアガンベンが指摘していることは、状況的なことでもある。ジュネは、一時期パレスチナの抵抗の主体を典型的なノマドとして定義しようとした。パレスチナ人は、はじめて自己との関係を確立した人々であるという言い方さえしました。そのような主体形成の試みとして、いろんな運動が出現したけれども、それ以上に現実に死のなかに遺棄された状況があり、さっきの情報労働のように、労働の変質に伴って生まれ、「帝国」の一翼を担う主体であると同時にそうではない逃走線を作り出す可能性でもある主体、そういうものがセットになった状況に我々はまだいると思うんです。そうした状況のなかで、アガンベンは問題化されていないマイノリティの状況に目を向けさせたのかもしれない。

鵜飼　アガンベンには我々にない教養があるし、さっきから繰り返し出ている、地中海世界イタリアという一つの歴史や地政学的な条件を背負って、独自の切り出し方で、いろいろなモチーフを出してきている。それとさっきはちょっとネガティブに言ったけど、彼のアウシュヴィッツ論でもっとも顕著なモチーフは、いま宇野さんが言われたことで、アウシュヴィッツという問題は、それを経験した人々が特権化できる問題じゃない、ということだと思うんです。アウシュヴィッツの問題は、潜在的に今の世界の普遍的な条件であるというところでこそユダヤ性と結び付く。今の反テロ戦争こそユダヤ人抵抗運動の延長線だと言われてしまう倒錯に対しては、アガンベンは当たり前のことを言ったと思うんです。

西谷　それに対してヒットラーみたいだというドイツ人が現れるわけで*。

宇野　そしてアラン・フィンケルクロート*も、あれは反ユダヤ主義のテ

*二〇〇二年九月一八日、ドイツのドイブラーグメリン法相（社会民主党）は、労働組合関係者と懇談した際にブッシュ大統領が景気低迷などの国内問題から国民の目をそらすためにイラクを攻撃しようとしていると指摘して「これは、ヒトラーが行ったのと同じやり方だ」と述べた。

*フィンケルクロート（Alain Finkielkraut）＝フランスの哲学者。著作は、現代における〈文化〉の排他性を問う『思考の敗北あるいは文化のパラドクス』（西谷修訳、河出書房新社、1988）、大量殺戮と人間性の意味を問う『二〇世紀は人類の役に立ったのか』（川竹英克訳、凱風社、1999）など。9・11への発言については「左翼的思考の敗北」（『発言』所収）。

ロなんだと、断言している。

鵜飼 そうですね。もはやアナロジーが両極に持っていかれて、その間では話が付かないようになっている。今度のアメリカのイラクへの先制攻撃を正当化する議論は、ヨーロッパ人の目から見たら、ヒットラー的なものへの回帰以外の何物でもない。戦争を違法化することで、ヨーロッパはなんとか新しい秩序をつくろうとしてきた。そのすべてをご破算にしようとする。それこそ逆行であって、こんなものが通るんだったら国連自体を破壊することになる。イデーにおいて。しかし、可能性としてそういう事態が見えてきた以上、国連秩序は完全に脱構築過程に入りましたね。

西谷 国連というのは、「戦争をやらない」「戦争は悪である」ということでできる安全保障機構なんだよね。それを、「戦争をやろうとする者がいるから、それを先につぶすんだ」ということになると、国連体制なんてまったく根底から突き崩される。

鵜飼 機能不全だよね。

西谷 だから何で今ごろみんながアガンベンをありがたがるのかわからない。アガンベンが9・11以降に言っていることなんて寝言だよ。「国家の役割が安全保障だけになると、その国家はテロリスト的になり、それは危険だ」と言っている。「なに寝ぼけてんの！」っていうこと。アメリカはもうその先をいってるんだから。だから、哲学者という連中は、哲学のなかから問題を持ち出してきて、哲学の更新とかをやっているわけ。それは現実世界と直接関係ない。現実世界に照らし合わせてみて、「あ、これはこういうふうに言えるな」とか反りを合わせるだけで、現実世界はなんら哲学なんて必要としていない。そういうことに哲学はあまりに鈍感すぎる。特に哲学を解説する連中がね。

例えば、最近ジョゼ・ボベ*が来たけれど、彼の、現実のなかから出てくる、運動の展開のなかから出てくる政治的ディスクールはインパクトがあって、かつプラクティカルで、かつパフォーマティブに効く、そういうディスクール。その場で生産されてその場で機能する知というのは、ああいう人のところにあるんだと思う。

宇野　哲学が何かを解決するとは思わないけれど、現実世界が必要としないからこそ哲学は必要だと思っています。哲学といわず、ただ思考といってもいいけれど。

＊ボベ（Jose Bové, 1953-）＝一九八七年フランスで農民連盟を設立。一九九九年「マクドナルド」のフランス進出に抗議して、建設中の店舗を「解体」したほか、シアトルのＷＴＯ閣僚会議やジェノバ・サミットの抗議活動に参加するなど、世界中で活動を続ける。二〇〇二年一〇月に来日、空港から三里塚に直行するなど、日本でも積極的に活動した。著書は『地球は売り物じゃない！――ジャンクフードと闘う農民たち』（ジョゼ・ボヴェ＆フランソワ・デュフール、聞き手：ジル・リュノー、新谷淳一訳、紀伊國屋書店、2001）。

知識人とアウシュヴィッツ

西谷　それともう一つ言いたいのは、この国の、とくにフランス系の知識人は、アウシュヴィッツのことがやたら好きなんじゃないかということ。なんでこんなにアウシュヴィッツのことばかり言うんだと。だから全世界がユダヤ系に取り込まれてしまう。

鵜飼　そもそもユダヤ人だけが死んだんじゃない。

西谷　そう、ユダヤ人だけじゃないんだから。それと、そこには産業主義的な世界の展開があって……

鵜飼　「死の工場」と言われていましたからね。「死の産業」で、むしろそっちの回路が一回断ち切られてたんだよね。ハイデガーがあんなことを言うのはけしからんと言われて。

西谷　そう言ったのはラクー＝ラバルトだけど、ほんとにそこがどうしてわからないのかと思う。ハイデガーが謝ろうとどうしようと、産業主義が貫徹していたのは明らかなんだからね。人間の奴隷化というのも、生きている人間を全面的に奴隷にするのと、生きていようと死んでいようと人間のいろんな部品を分解所有するのと、二段階になっている。部品を所有するという段階に入ったのはナチからなんだ。それは完璧に産業主義社会の論理で、そのことはまったく顧みられていない。

鵜飼　今や、それを臓器移植として公然とやっているわけだから。

西谷　世界的に行なわれている。でもその問題に、世界はまったく対処してない、解決してない。だから根本的にはナチズムを批判できない。

鵜飼　新手の優性思想みたいなのが出てくる形で早晩再考せざるを得ない。もう、それは遅いぐらいだけど。

西谷　今、臓器ビジネスっていうのがすごいらしいね。

鵜飼　いや、ものすごい。いま、梁石日《ヤン・ソギル》*がそれについて小説を書こうとしている。そのルートは新宿にいると見えてくるらしくて、それを書こうとしている。「いやー、君らはなにも見えてないよ」と言ってたけど。

西谷　だから、妙な倫理的なことからだけ、アウシュヴィッツのことを問題にするのはええ加減にせいという感じがある。

＊ヤン・ソギル（梁石日）『闇の子供たち』（解放出版社、2002年）。

3 アメリカとイギリス

チョムスキー発言

鵜飼　最近のチョムスキーの発言にしても「貴重な発言」と言われることがちょっとおかしい。当たり前のことを言ってるだけですから。彼は以前アメリカの戦後の大統領は、ニュールンベルグ裁判の基準で裁かれたらみんな縛り首だと言ったことがありますが、その通りとしか言いようがない。ちょっと前なら、米帝の犯罪ということで、みな当たり前に言っていたことですよね。だけど、その当たり前のことさえ当たり前でなくなりつつあるから、それをずっと言い続けている人にスポットが当たるのだけれども、それは出発点であって……

西谷　でもやっぱりチョムスキーはえらいと思う。こんな状況でも、「いや、世界は日一日と良くなっている」って言うんだから。だって大学で袋叩きにあったりとか、石とかトマトなんか飛んでこないからね（笑）。三〇年前にチョムスキーがベトナム反戦活動を始めたときには、演説するのに州警察に守ってもらわないと命の保証がなかったんだって。奥さんと娘で、女だけのデモに行ったら、トマトや卵とか投げられたんだそうだ。

鵜飼　確かにあのころに比べたらアメリカ人は、今のところ、すぐに人を殺さなくなったな。（笑）

西谷　大量破壊はやるけどね。

鵜飼　あの時代、政治家でもすぐ殺されちゃったからね。ケネディ兄弟だって、キング牧師だってみんな殺されちゃった。今も裏でなにをされているのかわからないけど。

西谷　ついこの間まで、黒人と白人が一緒にプールに入れなかったんだよね。

鵜飼　南アフリカとアメリカはあまり違う国じゃなかった。それが一方は人類に対する犯罪で、もう一方は永久裁判官っていう、これはどうなっているんだっていうところに世界の矛盾があった。

西谷　あのラムズフェルドみたいのが「いい男」*で、けっこう人気があるんだってね。ひどい国（笑）。

でも、チョムスキーがえらいと思うのは、こんな状況のなかですごく楽観的なんだよね。二〇〇年前の奴隷制より社会は良くなっていると言う、あれを聞いて、ウームと……

鵜飼　そういう人じゃないとやってられないね。

宇野　彼、言語学者としての最盛期に、政治運動は、パートタイムででできることではなかったので……という言い方をしていたのが印象的でした。

西谷　インドのアルンダティ・ロイ*もけっこうやってる。インドのダム建設のこととか、エンロン社がそうとうひどいことをしたらしいけれど、行政文書や文献を調べて、社会学者よりすごい。データを出してね。だからなかなか小説を書く暇がないみたい。

宇野　チョムスキーも自分自身で査察みたいなこともやるでしょ。いろんなところへ行って、アメリカの犯罪を調べ上げる。

鵜飼　さっき西谷さんが言った、アウシュヴィッツ「愛好」的なところ

＊二〇〇二年一一月二二日発売の米『ピープル』誌の「二〇〇二年版・最もセクシーな男」特集号は「最もセクシーな閣僚」にラムズフェルド国防長官を選んだ。

＊アルンダティ・ロイ（Arundhati Roy）＝インドの小説家。建築学を学び、シナリオライターを経て、一九九七年に処女作『小さきものたちの神』でイギリスの有名な文学賞ブッカー賞を受賞。ロイは巨大ダムの建設反対運動に参加したり、アメリカのアフガニスタン爆撃を強く批判するなど活発に活動している。『わたしの愛したインド』（片岡夏実訳、築地書館、2000）はインドのナルマダ川のダム建設と核兵器開発を暴く優れたルポルタージュである。

がなんで出てくるかっていうことを考えると、日本の戦後の敗北の受け止め方という問題と、アウシュヴィッツまできて人間の理念そのものが非常に大きな痛手を受けたという物語の作り方が、どこかでクロスしていると思う。他方で、今の英米は、戦争で負けたことがないという意識で自分たちをつくっている。

イギリスの経験

西谷　イギリスはちょっと違うでしょう。イギリスは国内にものすごい移民を抱えて、あれはべつに自由の大地に来た人たちではなくて、旧植民地から来ている。イギリスは旧植民地のあちこちで、戦争もやってきている。もしイギリスが実質的に勝っていたら、その植民地を独立させる必要はないわけだから。

鵜飼　イギリスの場合、フランスのアルジェリアと比べると、引き際がはやかった。やばくなると逃げる、パレスチナでもそうでした。それで、結局フランスのように頭から転ぶみたいなことはなかった。フランスは、ベトナムでもアルジェリアでも頭から転んでるわけですね。フランスの一世代の思想家たちは、フランス帝国が頭から泥に突っ込みながらつぶれていく過程で自己形成した人ですね。それがイギリスにはなかった。そのかわり、サルトルに当たるのがバートランド・ラッセルで、今のチョムスキーと同じような役割を果たしていた。

西谷　たしかにイギリスは植民地からなんとか早く引いて、イラクみたいな人工国家をつくらせたり、連邦に取り込んだりして、なんとか経営の続きをやろうとしてきた。けれども、植民地を抱えて繁栄したこと、なおかつ植民地を独立させたことのあおりで、結局七〇年代、八〇年代に強烈な不況や社会荒廃が起こって、それがイギリスの成熟みたいなものにつながっていく。

鵜飼　そこからロックやパンクが生まれて、また商売になる。

西谷　そうそう、だからビートルズはえらかったわけよ。商売はしたけれど。彼らは五〇年代末からイギリスのイメージをどんどん変えていった。でも、天皇制を支えるみたいに女王陛下から勲章をもらったりなんかもするけど。

でも八〇年代のサッチャー時代のリバプールとか、かつて繁栄したイギリスの都市のニュースを見たりすると、本当に荒廃しきっていた。若年失業率が五〇パーセント近くて、みんな未来に希望がないから麻薬をやって、エイズが増えて、しようがないから常習性の弱い麻薬を市が配るとか、そういうことまでやったわけでしょう。それは社会構造の荒廃だから、戦争で負けたわけじゃないけど、一方でフォークランド戦争なんかやりながら、実際には炭鉱が閉鎖され町は潰れ、みんな生活できなくなっちゃう。そういう経験というのは、敗戦の経験と通じるところがあるんじゃないかな。

鵜飼　アメリカだってベトナムのときは似たような現象があった。あの二つの国は、あの程度で、あの程度というのはおかしいけど、それをまた一つの文化として輸出しながら、先進性を維持してきている。

西谷　たしかにね。でもイギリスの場合は、と肩を持つわけじゃないけれど、とにかくドイツに爆撃されているから、戦場になるということを知っているわけ。アメリカは全然戦場を知らない。

もちろんブレアのような考え方もあるけれども、新聞なんかを見ていると、ものすごく「アメリカの戦争」に対して批判的な論調が強い。あんな論調はアメリカにはない。

鵜飼　今のEU、アメリカという構造のなかで、イギリスがああ振る舞うことに利益があると、ブレアは踏んで動いている。湾岸戦争のときからその形はできていて、保守党であれ労働党であれ変わらない。イギリスを駒に使いつつEUの形をアメリカはコントロールできる。イギリスの今の位置について、独立の分析が必要だと思う。フランスやドイツや他のヨーロッパの国は言うまでもないし、イタリアは、パゾリーニ*の若いころの詩を見ると、ムッソリーニを縛り首にするところまでいきながら戦後革命に敗北した苦渋や、その後の腐敗に対する、骨の髄から出てくる一種の憎悪が強烈にある。

　そういうものを自国の文化に対してどれだけ持ち得たかという問題は大きい。アメリカでは、レーガンあたりから、フェミニズムやあらゆるマイノリティの権利主張に対するバックラッシュ（はね返り）が出てきている。サッチャー、レーガンの時代から、一種のバックラッシュがすでに始まって、それが今や権力の形を取って、今の米英枢軸、米英イスラエル枢軸をつくってしまっていると思うんだ。

西谷　それはそのとおりだね。そのバックラッシュの背後に宗教右派がいる。

＊パゾリーニ（Pier Paolo Pasolini, 1922-75）＝『奇跡の丘』（1964）以降、『アポロンの地獄』（1967）、『ソドムの市』（1975）などで映画監督として有名だが、イタリアの戦後を代表する戦闘的マルクス主義知識人。詩集に『カザルサ詩集』（1942）、『グラムシの遺骨』（1957）など、小説に『生命ある若者』（1955、邦訳＝米川良夫訳、講談社文芸文庫、1999）などがある。

4 敗北の文化／死の文化

敗北をめぐって

鵜飼　市村弘正さんの『敗北の二十世紀』じゃないけれども、アメリカに敗北の二〇世紀という総括はないわけです。もし人類にとって二〇世紀が敗北だったとしたら、「二〇世紀に勝利したアメリカはいったいなにか」という問題が出てくる。いまブッシュのブレーンは、「二〇世紀が敗北の世紀だったのは、アメリカがもっと早く介入しなかったからだ」と言い出している。「二つの世界大戦にアメリカが最初から介入していれば、ああはならなかった」と。こういう、今まで我々が考えもしなかった総括をする人たちが出てきているのは、敗北というもののとらえ方が議論のしようのないぐらい違うんですね。我々は、その敗北の文化みたいなものをどう掘り下げていくべきなのか。

西谷　その「敗北の文化」という言い方もやめたほうがいいと思う。それもロマンチシズムだね。敗北って言ったたって、いったい誰が敗北したかということになって、きわめて曖昧に主体を想定させる。「破壊」とか「喪失」のあとには主体も残らないけれど、「敗北」となると恨みがましく残っている感じで、もうこういう擬人化した言い方はやめたほうがいい。

宇野　ジョン・ダワーの『敗北を抱きしめて』*は、まさに日本人についてそういう擬人化がしてある。ただし市村さんのは、もう少し敗北を二重化し、思想化するという問題になっている。

西谷　ダワーのは擬人化ではなくて、はっきり「日本人」のことを言っているんでしょう。

宇野　それをどう評価するかは別として、「日本人」という人格が浮かびあがるように書いてあります。

鵜飼　「敗北の文化」という言葉は、僕の場合基本的には吉本隆明の『敗北の構造』*からきている。とにかく国家がなくなるまでは、我々はずっと

＊『敗北を抱きしめて——第二次大戦後の日本人』（〈上下巻〉、三浦陽一・高杉忠明・田代泰子訳、岩波書店、2001）。ジョン・ダワー（John W. Dower）はマサチューセッツ工科大学の日本の近現代歴史研究の第一人者。日本の終戦からサンフランシスコ平和条約による独立までを描いている。一九九九年のピューリッツァー賞を受賞した。

＊『敗北の構造　新装版——吉本隆明講演集』（弓立社、1989）

敗北なんだから。

西谷　ソクラテス以来、思想家は敗北し続けているんです。

鵜飼　イエスだってそうだし、例えばサルトルやデリダのジュネ論まで含めて、敗北ということを巡って議論は展開されている。そういうものをすべて含んで、僕は「敗北の文化」と言っている。

フランス人も、このあいだまで敗北自体を否認してきたから、「奇妙な敗北」という言い方はしていても、フランスを第二次世界戦争の戦勝国に入れて済ませていた。ところがフランス人は、さまざまなフランス人は第二次世界大戦で、いろんな国や民族と、二八ぐらいの敵と戦っている。そう考えれば、勝利も敗北もなく、分裂症的な経験だったとしか言いようがない。

西谷　そういうふうに見方を開いていかないといけない。敗北という語を掲げると、誰がということに集約されていく。いや「構造」だって言っても、それは同じだね。

鵜飼　もちろん言葉の問題の危険はあると思う。でも、哲学が体系として成り立たなくなって、哲学という言葉さえ容易に使えないという問題は、僕の認識では、広い意味での二〇世紀を敗北ととらえる思想の流れのうちで立てられてきた。ドゥルーズは、そうではない勝利の線を出す形で、逃走線やリゾームという言葉を出してきて、逆説的な仕方で古典的な哲学者像を復権したと思う。今、それを引き継いでいるのがネグリであり、帝国が形成されたことはなんら敗北ではないという言説になって出てくる。

西谷　これを推し進めればマルチチュードの革命が起こると……

鵜飼　こういう言葉をどういうふうに位置付けるかは、課題であり続けていると思うんです。七二年に、吉本隆明は『敗北の構造』という言葉で読者になにを呼びかけようとしたのか、ということとつながるんじゃないかな。

西谷　吉本の場合は、戦後の日本を考えるときに、国家的にも、あるいは左翼運動に関しても、敗北をいったん認めることはすごく重要で、その構造を思想的に点検することは重要な意味を持っていたと思う。「敗北」ということ自体が抽象観念じゃなかったから。でも今は、本当に言葉には慎重でないといけない段階に入っていると思う。だって、実体が稀薄になっているから、どういう言葉で語るかということで、生み出されるものが決まってきちゃう。これはもう広告の世界だね。

いま世界の当面する問題というのは、パレスチナ問題でもイラク問題でもなくて、とにかくアメリカ問題なんですね。ところが、なぜ「イラク危機」なんてものがつくられてしまうか。全部メディアにバイアスをかけるからでしょう。ついでに「アメリカ問題」の核心は「アメリカはなぜ違う国家なのか」ということ。国家としては、一度も他者に浸透される経験を持たないのはアメリカだけで、イギリスはまた違う。

鵜飼　全然違う。やはりフランスとイギリスは、もともとの連続性が分裂していったときの痕跡が、いまだに両方の国の記憶や文化のなかに強烈に残っていますね。

死刑廃止の問題

西谷　アメリカは、起源までたどれば、ヨーロッパ公法秩序から離脱するために建国し、その後ずっと独自路線を歩いてきた国です。一度も他者に浸透されることのない、むしろ自分のところが移民を受け入れて、移民たちによってできたことで、「ここにすでに多様な世界がある」という構造を内部として持っている国で、それが国家の行動をあらかじめ正当化する、なおかつその国家の正義の遂行というのは、これまで一度も否定されたことがないから、この国はなんでもできる。だからアメリカには死刑に対する反省がないわけですよ。

死刑廃止の流れは第二次大戦後の話でしょう。法的なレベルで、パーソナルな人格も法的な人格も合わせて、殺人の権利を持っているのは国家だけです。国家だけが殺人の権利を持っていて、戦争のときと死刑執行をやるわけ。

鵜飼　それは法のなかにある例外なんだけど。

西谷　この件に関しては、鵜飼さんの方がずっと詳しいけれど、それは国家権力の名の下に正当化されていて、むしろ法秩序を設定するために必要だということだった。ところが、第二次大戦で国家が罪を犯すと、国家の罪を断罪することを国際的に認めよという要請が出てくる。そうすると、国家を裁かなくちゃいけない。国家の合法性というのは、絶対的なものではなくなって、すでにある秩序のなかでしか成り立たないことになるから、国家はまず戦争をしてはいけないことが原則になる。それとともに、国家に殺人の権利を認めてよいのかという反省が出てきて、死刑廃止の流れになるんだと思う。それは国家の合法性そのものの相対化ということと関係しているね。

いま、世界でどこでも死刑廃止の論議があって、かなりの支持を得ているのは、国家がいつも正しいとは限らないとか、権力の行使自体が不法でありうるということを、戦争を通してみんな知っているからだと思う。それがないのは先進国ではアメリカだけだということ。

鵜飼　日本で死刑廃止の動きが弱いのは、やはり治安維持法体制の下で死刑にされた日本人が少なかったからでしょうか。尾崎秀実*以外は、拷問で死んだ人はいても、死刑で死んだ人はいないわけでしょう。それはナチやファシズム期のイタリアの経験と全然違う。アメリカだって、サッコとヴァンゼッティ*とか、同じような事例はたくさんあって、州単位で死刑廃止が進んだ時期はあるけれども、連邦政府の力が強くなるにしたがって、死刑廃止の動きが引いてしまった。

西谷　今のアメリカの状況だと、死刑廃止は連邦レベルじゃ出てこないよね。廃止するとあんな戦争はできなくなる。

鵜飼　アメリカの問題は、連邦政府と州政府の関係の歴史でもあるから、

*尾崎秀実（おざきほつみ）＝共産主義者で中国問題評論家。ゾルゲ事件に連座し、一九四四年一一月巣鴨拘置所で死刑となった。『ゾルゲ事件上申書』（岩波現代文庫、2003）。

*サッコ＝ヴァンゼッティ事件＝一九二〇年、ボストン市郊外で起きた強盗殺人事件で、別件逮捕されたイタリア移民のニコラ・サッコとバルトロメオ・バンゼッティはともに無政府主義者で徴兵拒否者ということもあり、物証不十分のまま有罪とされた。国際的抗議運動が起こったが、二七年処刑された。

だんだん州政府が主権を失うにつれ、州のレベルで死刑を廃止する動きが、いま西谷さんが言われた問題のまま出てくるわけだ。主権として州が絶対的でなくなれば、死刑にする根拠も同時になくなっていく。ところがいま、連邦政府の力が強まってその規制力が強くなると、むしろ死刑が逆流してくる。

さらに大きなコンテクストに置き直せば、第二次大戦では、大々的な殺戮が行なわれ、死刑も大量に行使されたし、当時ドイツでウンターメンシュ(劣等人種)とされた人たちの大量の抹殺も行なわれた。その恐るべき現実を踏まえて、「生の権利」が四八年の世界人権宣言に入ってくる。この生の権利が法的に人権という形で保証されるという、時代の権力構造の分析として、フーコーの「生の政治」という問題設定が出てきたわけです。

西谷　それをあるレベルで立法化しないといけないような状況が出てきて、立法化するというのは、まさに生の管理運営ということだよね。だから政府の統治が、そういう生存の経営であるということの現れにもなる。

鵜飼　死刑をなくして一つの共同体のトータルな生命を管理するという形でないと、権力としての新たな整合性が成立しないというところで、死刑制度が歴史の遺物になってくることがある。戦後ヨーロッパ史の幾つかの局面を見ていると、そういうところがあるのかなと思わせますね。例えば、七七年ぐらいに週刊誌『ヌーヴェル・オプセルヴァトゥール』でジャン・ラプランシュ*とロベール・バダンテール*とフーコーが死刑のことで対談をしていて、これはもう全然話が合わないわけ。当時バダンテールとフーコーは一緒にゼミをやったりして親しい間柄だけれども、バダンテールの死刑廃止論は基本的にチェザーレ・ベッカリーア*の功利主義的な刑罰論に依拠していて、死刑はいかなる功利も生まないという主張。精神分析家のラプランシュは自分は死刑に賛成じゃないけれども、死の欲動がないかのような議論にはついていけないと言う。フーコーは調停しようとして、バダンテールがいらだっているという構図。死刑が廃止されたのもミッテランがそれを公約にして大統領になったからで、政治過程のなかで最終的に廃止されたわけで、そのあたりはもうひとつ掘り下げてみないといけない問題がある。

宇野　ポール・ヴィリリオは、「死刑は唯一社会が死と向き合うチャンスであり、これをなくすことは由々しい事態である」といったふうに言った

*ジャン・ラプランシュ(Jean Laplanche)＝著書に『精神分析用語辞典』(ポンタリスとの共著、新井清訳、みすず書房、1977)、『幻想の起源』(ポンタリスとの共著、福本修訳、法政大学出版局、1996)がある。

*バダンテール(Robert Badinter)＝弁護士、パリ大学法学部教授(刑法)。ミッテラン政権下で法務大臣となり、死刑を廃止した。著書は、死刑廃止までの日々を綴った『そして、死刑は廃止された』(藤田真利子訳、作品社、2002)、弁護を依頼された死刑囚の裁判の経過を描く『死刑執行』(藤田真利子訳、新潮社、1996)などがある。

*ベッカリーア(Cesare Bonesana Marchese di Beccaria, 1738-94)＝イタリアの経済学者、法学者。近代刑法学の基礎を築いた。死刑は市民の感覚を麻痺させ効果的でないとして廃止を主張した。著書は『犯罪と刑罰(改版)』(風早八十二・風早二葉訳、岩波文庫、1959)など。

ことがあって、印象に残っています。

鵜飼　それはヴィリリオのカトリック的なところが出たのでしょう。ジョゼフ・ド・メーストル*がまさにそう言っている。「死刑があるということで、死と向き合わなければ人間の尊厳はない」と。カントもある意味では同じ意見、「死にさらされていなければ責任ということ自体が成り立たない」という議論です。

こういうことを、日本の戦後の左翼思想家で言ったのが谷川雁。「死刑はなければいけない、死刑がなければだれも革命を考えなくなる」と五〇年代に言っている。日本の左翼運動でも、武装闘争をした何人かの仲間が死刑になる可能性が出てくるまでは、死刑ということにほとんど関心を示さなかったし、政治的に「右」「左」ということとは相対的に違う軸だと思うんです。

宇野　死刑が廃止された世界においては、あるいは廃止の議論の過程では、それを言うことになんらかの意味がある。死刑をなんら問わずに持続している世界では意味が違ってきます。

鵜飼　ソクラテスは自分が死刑という法を受け入れたことで、自ら死刑

＊メーストル（Joseph Marie de Maistre, 1753-1821）＝一九世紀初期のフランスの政治思想家。フランス革命軍を逃れ亡命。『フランスについての考察』（1796）で革命を批判し、王政や教皇の権限を絶対視した。

賛成派であるということを証明して死んだとも言える。それ以来、哲学者で死刑にすっきり反対する人は少なかったと思う。哲学はなんといっても「死の練習」ですから。

日本の死刑制度は、最後には死刑囚自身が生をあきらめるまで待つという形があって、それが自殺と死刑を極限まで近づけるという意味を持っているのかどうか不明ですが、一つの解釈としては、日本の権力作用は、「疲れさせてあきらめさせる」という特殊な性格を持っている。アメリカのように、死刑をどんどんスペクタクル化していく動きとは違うところがある。日本とアメリカは、異なった死の文化によって死刑を存置してきたけれども、アメリカの反テロ戦争は、アメリカの死の文化をそのまま世界中で貫徹する形で出てきている。そのあたり、いかに日本政府といえども引いてしまうというところがあるのかなという気もします。同じメンタリティで人は殺せない。

西谷　ソクラテスは死刑を肯定したことになるのかな。まあ、受け入れたってことではあるね。

宇野　最初の市民的哲学者の一人といってよいソクラテスがそういう死

に方をしていることは、キリストが磔刑になったのと同じような意味があるかもしれない。

西谷　ソクラテスの場合は、ポリスのみんなが決めたことを受け入れたということであって、死刑をみんなが決めるというファクターがないと、そのまま結び付かないんじゃないかな。

鵜飼　哲学的に死刑を否定することに固有な困難さというのかな。まさにここがアガンベンの問題でもあると思うんだ。たんなる生を超えた何ものかに対する参照なしに文化はないでしょう。さっきから「文化」という言い方を何回かしたのは、そういうこともあるんですが。

死と文化

鵜飼　かつてのスタンダードなゲリラ思想というか左翼の思想にも自分の命を犠牲にするという論理はあった。だけどそれは自殺行為とは違う、たとえ捕まって拷問されても、脱出して、再び生に帰還するということだった。

宇野　最終的な価値が死にあるというわけじゃない。

鵜飼　今のパレスチナのような状況を考えると、植民地支配下では、占領者や抑圧者と同じ場を共有して、共に生きていれば彼らを容認したことになってしまう。だから植民地支配を拒絶する論理の極限に死を選ぶ立場が出てくる。そのような形で近代的な「自由か死か」という選択が露出してきてしまう。

西谷　だから宗教の問題じゃなくて、植民地の問題なんだ。

鵜飼　もう一つ、「平等か無か」という近代の基本的な政治の選択がある。平等が政治的に実現することがまったく不可能な状況下で、暴力の前での平等を実現するしかないという方向に、死者の数をできる限り平等にしたいという方向に進んでしまい、今の形が出てきたと思うんです。

一九七二年五月三〇日に日本人のグループがリッダ空港で銃撃戦をやった。ほとんど自殺攻撃です。それ以後長くパレスチナでは、志願者はたくさんいたけれども、自殺攻撃をずっと抑えてきた歴史がある。七〇年代のパレスチナ抵抗運動ではたくさんの死者が出たけれども、その倫理は基本的に、最後まで生に帰還して闘争を続けるということであったわけです。

宇野　ジュネにとって、そこが問題になっているところで、あの段階ではパレスチナの闘いはまだ世俗性を原則としている。世俗性はジュネのアンガージュマン自体が基準にしていたものだからね。

鵜飼　基本的にそうですね。イスラムを爆破できるような革命がここにあるんじゃないかというアイデアが、ジュネにはありました。より広いコンテクストで言えば、「たんなる生を超えたなにか」が、共同体の共同性がそのつど作り直されるときの一つのポイントになってくる。それが一つの固定された文化になって押し付けられてきたときには、もう日本のカミカゼみたいなものになり、「自由か死か」とはなんの関係もなく、強制された死を死ななければいけないことも起こりうる。

この問題を前の難民の問題とつなげてみたときに、動物的生にぶつかる。抵抗という概念が人間中心主義に還元できないのは、殺されそうになれば動物は抵抗するからです。人間的主体に即して抵抗があるわけではなく、それ以前の生のなかに抵抗がある。むしろその生を放棄させるために主体であれと言われることすらある。生と主体という二つの言葉をどう分節するのかは、大変デリケートなポイントであるような気がします。

西谷　そこは大事だね。そういう問題を立てるときに、やはりギリシア以来の脈絡のなかからになっちゃう。現代世界の問題についても、例えばアガンベンの場合、「内戦という概念がギリシアにはあった……」って言うんだけどね。ただ、ギリシア以来の論理だけですべてが語れるかということがある。例えば、今のいわゆる「自殺攻撃」。自殺攻撃というのは、日本が世界に輸出した数少ない特産物の一つらしくて（笑）、だから今でもみんな「カミカゼ」っていうんだけど、それは「日本は死を軽んじるからだ」とか「日本ではビオスが違うんだ」いった単純なものでもない。さっき鵜飼さんが「文化」という言葉を使ったけど、その文化がどういう形で成り立っているのか、ということも考えざるを得ない。

鵜飼　文化という概念そのものが、翻訳可能かどうかという問題がそもそもある。

西谷　翻訳可能かどうかということと、なおかつ我々が文化と呼ぶ幾つかのものが、本当に同じ平面の上にあるかということだね。それもあるんだけど、主体と死の問題の非透過的なところを、どうやって通過できるか、通過できるような地点を探していくという課題があると思う。

5　日本の宗教と文化

仏教の近代化

西谷　ずっと問題になっているアウシュヴィッツは、それこそ世界史的な問題として重要な意味を含んでいるから、考えなくちゃいけないんだけど、それを知的な問題として考えることが必要だと思う。それから、我々はユダヤ人でもキリスト教徒でもないから、ユダヤ・キリスト教的な骨がらみとは別なところにいるわけで、そういう問題へのアプローチに違う角度があってもいいじゃないかとも思うんだよね。

そのときに、一つの入り口になりうるのはやはりナショナリズムかな。例えば、靖国神社って何なのかということ。ヨーロッパの国家、とくに近代の共和国の典型であるフランスと、靖国天皇制国家の日本と、どう違ってどう切り結んでいるかといったことを考える必要がある。

鵜飼　その話をしなきゃいけない。どこが切り口なんでしょうね。よくわからないんですけど。

宇野　ひとつは死の問題ですね。死と共同性がどう結びつくか。個人の死を共同性からどのように分離させるのか。

鵜飼　やはりそこに繰り返し戻るわけですね。

西谷　日本でいま活発に靖国訴訟をやっているのは仏教者なんですね。

鵜飼　仏教者とキリスト者。

西谷　戦前の天皇制国家とのかかわりを反省する度合いが強ければ強いほど、「現代における仏教者とはなにか」を問い詰める人たちがいて、彼らは靖国訴訟を果敢にやっている。愛媛県の「玉ぐし料訴訟」*に勝訴した人たちは、小泉参拝があるたびに違憲訴訟を起こしてます。日本が明治以降、近代国家をつくるプロセスで、仏教だとか日本の在来の宗教のあり方も変わってきた。新興宗教が登場しただけでなく、それぞれの宗派も近代化している。宗教が近代化するということは、煎じつめて言えばヨーロッパの

＊「愛媛玉ぐし料訴訟」＝愛媛県が一九八一年から八六年にかけ、靖国神社と県護国神社に玉ぐし料などの名目で公金を支出したのが憲法の政教分離の原則に反するか否かが争われた。一九九七年四月二日、最高裁は「特定宗教団体を援助することになり、憲法違反」と判断した。なお、玉ぐし料奉納は賽銭などにくらべ、より正式な神道儀式の一部である。

プロテスタンティズムの原理に合わせるということです。プロテスタントは基本的にカトリックの近代化で、これが宗教の近代化のモデルということになる。

日本でもそれが行なわれて、その最中は目立たなかったんだけど、いろんな問題に向き合わざるをえなくなったときに、国家神道批判が根本的な課題として出てくる。それは政治的な問題というよりも、じつは宗教の根本を問い直すような課題が含まれていて、要するに、死との関係のとり方ということですが、在来の宗教の信仰の形が近代化のプロセスや戦争体制をくぐったところで、靖国体制への異議というかたちであらためて出てきている。そのことをもう一度キリスト教圏とかイスラム圏に持ち帰ってみたときに、共通の課題が浮かんでくるんじゃないかと思う。

宇野　仏教の近代化というのは、どういう方向で、例えば何宗で起きていることですか。

西谷　いま念頭に置いているのは浄土真宗ですが、真宗は明治国家の形成にいろいろなかたちで深く関与している。思想的には、個の自覚の宗教ということを言い始めた。それが清沢満之*で、ヘーゲルの宗教哲学を訳し

*清沢満之（きよざわまんし、1863-1903）＝明治時代の真宗大谷派の学僧。精神主義を唱えて日本仏教の近代化に貢献した。『清沢満之全集』全九巻が岩波書店より刊行中。

た人なの。おもしろいことに、浄土真宗のなかでは明治の終わり頃まで親鸞はほとんどみんな知らなかったんだってね。『歎異抄』は危ない本だからというので、ごく一部の偉い人しか見ちゃいけないものだった。蓮如以降しかみんな知らない。親鸞の存在さえ知られていなかったと言いますよ。それを清沢満之が、もう一度親鸞まで戻って、他力本願とか親鸞の道ってなんだということを問い直す。それもヘーゲルの宗教哲学なんかを参照しながら考え直して、信仰というのは個的な主体の自覚として生まれるものだと、まさにヘーゲルなんだけど。それが近代における「悪人正機*」の文字通りの発見ですよ。

鵜飼　プロテスタンティズムだな。

西谷　まさにそう。そういう形で清沢満之が『歎異抄』を忘却から引き出して教学の中心に据える。みんなこれを読まなくちゃいけないと。ところが、清沢満之は肺をやられて四〇歳前に亡くなってしまって、「精神界」という雑誌をやっていた清沢のグループから暁烏敏*という人物がイデオローグとして出てきて、彼が個の自覚が「悪人正機」というのを、いわばきわめて小乗的にというか機会主義的に解釈した、「天下国家のことよりも、

*悪人正機（あくにんしょうき）＝親鸞の説いた浄土真宗の根本的な思想。『歎異抄』の「善人なほもちて往生をとぐ、いはんや悪人をや」ということばで知られている。

*暁烏敏（あけがらすはや、1877-1954）＝真宗大谷派の僧、仏教学者。『歎異抄講話』（講談社学術文庫、1981）。

精神のうちで個の自覚としての信仰を掘り下げなさい」と。それが戦前、戦中の浄土真宗を戦争体制のなかに引っ張っていったんですね。

鵜飼　悪人正機説からは死刑廃止論も出ても良さそうなものだけどね。

西谷　大正時代以降の浄土真宗というのは江戸時代までの浄土真宗と全然違うらしい。特に戦後はそれがひどくなったらしい、『歎異抄』がブームになるでしょう。またそれが時代の気配とぴったり合っちゃったということもある。もともとは法然にある専修念仏という考えは、「絶対他力」を打ちだすことで、ある超越の審級を確保するという、きわめて一神教的な面があります。だからプロテスタントというより、大川周明*ではないけれど、イスラームの構造を思わせるところもあります。そこらへんのことも課題だと思う。

靖国問題とギリシア

鵜飼　靖国神社の問題は本当に大きい。柳田國男が『明治大正史世相篇』*で国家神道についてちょっと書いている。神道の国教化を神道の生命力の発露として語っているけれど、靖国自体は、今の視点から見れば明らかに

*大川周明（おおかわしゅうめい、1886-1957）＝北一輝と並ぶファシズム運動の指導者であるが、イスラーム研究者としても注目されている。一九四二年に「イスラーム研究の最高水準」（竹内好）といわれる『回教概論』（中公文庫、1992）を刊行。敗戦後A級戦犯被告となるが、精神障害を起こし入院。病棟で『コーラン』の翻訳に没頭、五〇年『古蘭』（岩崎書店）として出版された。

*『柳田国男全集26』（ちくま文庫、1990）

これは輸入品であって、そのモデルはギリシアですね。

古代ギリシアのポリスにおける、戦死した同胞や市民の弔い方がベースになっている。それ以前は、例えばフロイトが『死と戦争に関する時評』*（一九一五年）で強調しているけど、前近代においては神道的な宗教、当時のフロイト的な展望で言えば未開人の宗教においては、たとえ戦争に勝っても、自分たちが殺した死者たちの祟りを恐れるところに戦争と宗教の接点があった。だから、自分の共同体の領域に入る前にみそぎをする。清めることによって、自分たちが殺した相手の怨念を払った。ここに宗教というものの根拠があったわけで、自分の国の死んだ人間だけを祀るなんていうことはあり得なかったわけです。「殺した者は祟るはずがない」という前提に立っている以上、これはもう伝統とは関係ない。日本の神道とか仏教だって、最初から「国家安寧のために」って言われるけれども、「菅原道真の怨霊が怖い」とか「平将門の怨霊が怖い」と言うことでやっていたわけだから。

今のアメリカのアーリントン墓地でもそうだけど、基本はギリシアです。その場合ギリシアの原理はなにかと言ったら、アテナイの場合は、「女が子

＊『フロイト著作集第五巻』（懸田克躬訳、人文書院、1969）所収

供を産むんじゃなくて、アテナイの大地が子供を産む」「大地が女のまねをするのではなく、女が大地のまねをする」という考え方です。そこから生まれた者がそこに帰るということで、神聖な国土という観念が生まれるわけ。

西谷　本当にギリシアとの不思議な混淆ですね。いま鵜飼さんが言ったギリシアは、すべてルネッサンス以降のいわゆるヨーロッパの社会構成の原理が脱聖書化、脱ユダヤ化していく過程で、参照項として復興してきたものでしょう。それで近代社会がヨーロッパでギリシア的に構成されるという自覚は、ヘーゲルもやっていたけど、露骨に言説化するのがハイデガーということだ。

鵜飼　日本の近代史がこの点で当惑するほど単純だという事情もある。靖国神社で祀られている人は、国家が発動した戦争で死んだ人だけ。だからいまだに議論がとんでもなく単純になってしまう。フランスのパンテオンには抵抗者がいる。当時の国家に反して非合法活動のなかで死んだ人が愛国者とされる。シュミット的に言えばパルチザンのナショナリストとして死んだ人が、例えばジャン・ムーラン*がそうだけど、事後的にパンテオ

＊ムーラン（Jean Moulin, 1899-1943）＝フランスのレジスタンスの闘士、シャルトル知事だったが、ドイツ軍侵攻後、ロンドンに亡命。ドゴールの密使としてフランスに再潜入し、レジスタンス運動の統合組織化を指導。四三年にゲシュタポに捕えられドイツ移送中に死亡。「レジスタンスの統一者」として象徴的な存在となっている。

ンに祀られてしまうという構造がある。

宇野　それは明治維新の断絶によるものでしょう。

鵜飼　そうですね。いつまでたっても成熟した議論にならないのは、このへんにも原因があるんでしょう。

西谷　国家が、動員して無惨に死なせたことの祟りを恐れてて、天皇に祟りがこないようにって、つくってるのかもしれないね。（笑）

鵜飼　そうか、根底には、一番祟りそうなのは日本人だからっていうのもあるかもしれない。

宇野　少なくとも三島由紀夫は、そういう単純さのなかに、ある種の複雑性を持ち込んだ。天皇と国家を分離するという公共性の問題を彼は出そうとしてたからね。

鵜飼　日本における公共的な死が、今のところバリエーションに乏しいということが、靖国を巡る議論をグローバルなものにしていない。そのことはやはりいつも自覚されるべきですね。

（2002／09／27）

Ⅲ

1 アーレントと構成的権力

宇野 ハンナ・アーレントは、僕にとってこの数年、とても大事な思想家に思えてきました。アーレントの再評価は世界的な現象でもあるんだけども、その理由をもう一度考えてみたいと思って、この間西谷さんに示唆されたアーレントの『政治とは何か』*の仏語訳を読んでみたら、素晴らしい内容でした。『政治とは何か』の最後で、アーレントは「砂漠」ということを言っている。我々は砂漠に住んでいる。政治的な、思想的な意味での砂漠だけども、その砂漠に住んでいることをはっきり表明した人がニーチェだろう、と言う。その砂漠に住んでいる我々は、砂漠に住んでいることを意識しつつ、それに抵抗する。あるいはオアシスを見つけようとするかもしれない。ところが、全体主義というのは、砂漠の住人であるのに、砂

* 『政治とは何か』＝*Qu'est-ce que la politique?* Seuil, «Points Essays», 1995. ＝ドイツ語原文からの仏訳。

なんだ、と言う。

漠をもはや砂漠と感じなくなってしまうということで、これは最悪の事態

やっぱり「政治とは何か」なんだね。アーレントは、「我々はまだ政治に至っていない」という言い方をしている。政治的なものの消滅が砂漠ということなんです。我々は政治ということについてさんざん考えてきたはずだけれども、じつはまだ政治についてなにも考えられてないかもしれない。

この頃ネグリの『構成的権力』*という本を見ていたら、ネグリはかなりアーレントのことを取り上げています。じつに肯定的に評価する一方、アーレントのアメリカに対する一種のナイーヴさに対しては批判もしている。ネグリは、アーレントを「構成的権力」という点に関して代表的な思想家であると評価している。今までの西谷さんと鵜飼さんの仕事を思い出すと、「構成的権力」という言葉がかなり大きな意味を持つと思いました。

「構成的権力」は、政治的なパラダイムの問い返しがあったときに、繰り返し問題になることです。ベンヤミンは、政治的な暴力には「法措定的暴力」と「法維持的暴力」があるといい、「法措定的暴力」の危険さ、見え難さを指摘している。デリダもそのことについて触れていました。

*アントニオ・ネグリ『構成的権力——近代のオルタナティブ』(杉村昌昭・斉藤悦則訳、松籟社、1999)

ネグリは、アーレントとカール・シュミットには共通点があると言っている。二人とも権力の構成的次元を見ている、ということです。「権力を構成する次元での政治学」と「構成された権力をめぐる政治学」というまったく違う次元の政治学があり、マキャベリからスピノザへいたる政治哲学、そしてアメリカとフランスの革命を「構成的権力」のプロセスとして、もちろんマルクスが重要な到達点なんだけど、詳細に分析している。アメリカは独立革命で「構成的権力」の表現として憲法を形成するが、それをアーレントもすごく評価しているわけです。

ネグリのアメリカの分析のところを読んでみると、アメリカがなぜ繰り返し戦争をするのかについて、「構成的権力」をあれだけ根源的プロセスとして生きた国家が、「構成的権力」を裏切って、しかもそのモチーフを保持し続けて、そこで暴力、戦争の問題につねに直面しなければいけないような運動を形づくっていると説明しているんです。ネグリは、アメリカがそういう構成的権力をめぐるパラドックスとしてある状況をかなりうまく分析していて、これは「帝国」という問題よりも、むしろ面白いんじゃないかって思ったところがあるのです。

西谷　「構成的権力」が今のいろんな問題の核心にあるという考えは、最近、いろんな人によって共有されていると思います。例えば、この前来日した、フランスで最近わりと興味深いことを言っている旧左翼のダニエル・ベンサイード。* 彼が東大で話した問題というのは、まさにベンヤミン、アーレント、シュミットの共通点に「構成的権力」の問題があるということ。つまり、法システムの内部と外部の問題ですね。外部というのは法システムを成立させる根拠です。一つの法システムができるときの、その時間的外部であると同時に論理的外部。要するに正統性の根拠の問題ですが、根拠というのは形がないから、つねに暴力として現実化されるしかない、そういうようなもの。

　その拮抗関係は、じつは二、三〇年代のドイツで、シュミットとハンス・ケルゼン*の対立の問題としてあった。それが冷戦下では見えなかったけれども、冷戦後になって出てきたのは、世界秩序の正統性の問題に直結するからでしょう。

　アメリカのラムズフェルド国防長官が「ウェストファリア条約はもう古いんだ」と言うのは、アメリカ的な論理からすればその通りだ。なぜかと

＊ベンサイード（Daniel Bensaïd）＝独自の立場から新自由主義的グローバル化を批判。またユダヤ系フランス人でありながら、ピエール＝ナケなどと鋭くイスラエルを批判している。著書は『フランス社会運動の再生』（C・アギトンとの共著、湯川順夫訳、柘植書房新社、2001）。二〇〇二年一〇月にエチエンヌ・バリバール氏とともに来日し、東大駒場キャンパスで「神聖政治と世俗政治――シュミット・ベンヤミン・アーレント　決断と出来事の間で」などの講演を行なった。

＊ケルゼン（Hans Kelsen, 1881-1973）＝オーストリアの法学者。ユダヤ系であることからナチス擡頭後渡米。純粋法学の立場から続々大著を発表し、既存の理論を批判した。著書『デモクラシーの本質と価値』（1920、邦訳＝西島芳二訳、岩波文庫、1966）など多数。

いうと、ウェストファリア条約以降の国際関係は、主権国家というのを前提にして考えられてきた。国際社会とはそういうものです。それを今、アメリカは廃棄しようとしている。そうすると、世界的なレベルで「構成的権力」、つまり法措定的権力というのがむき出しになって登場してくるし、それによって世界の状況が再組織化されることになる。今そういう時代に入っている。それが客観状況であるのか、あるいはそれをめぐる闘いが現出しているのか、私としてはそれをめぐる闘いがあるのだと思うけれど、移行期であることは確かだと思う。

鵜飼　その最後の論点はものすごく大事だと思う。宇野さんもさっき出されたけども、解釈と解釈をめぐる闘いということでは、ニーチェ的にも語りうる問題でしょう。アメリカはいま、この戦争を完結することで一つの解釈を世界に押しつけようとしているのですから。だから、あえて言えばフランスがウェストファリア型国際秩序の最後の体現者になって、この間、抵抗しているという図式がある。それじゃアメリカの場合、今のイラクをめぐる事態で、どういう解釈を押しつけようとしているのかを、もう少し見えるようにする作業がもっと必要なのではないかと思うのです。

宇野さんが言われたアーレントの砂漠ということでは、我々自身もずいぶん語ったし、もう一〇年ぐらい前に、湾岸戦争を踏まえて僕自身も「法の砂漠」*という文章を書いたことがあります。これはカント論ですが。国際法をどう考えるかという問題で、国際法は法だけれども複数の主権を前提にした法であり、主権と主権の間、あるいは主権以前、主権以後という場所にある法であると考えると、法でありつつ法の砂漠でもあるようなものとして国際法が見えてきます。

今の目前のイラクの事態を見ていると、まず一〇年前の湾岸戦争のときのことを思い出します。あのときは、むしろ、戦争を仕掛ける側が国際法を根拠にしてきた。そういうことは冷戦時代にはなかった。アメリカもソ連も他国の主権など守る気がなかった。ブレジネフは公然と「東ヨーロッパの人民民主主義諸国の主権は制限されている」と制限主権論を唱えていたし、アメリカはラテンアメリカを勝手に「裏庭」と表現していて、キューバ以外ラテンアメリカに主権国家はなかったわけです。それが突然、「クウェートの主権は守るんだ」と大声で言い出して、湾岸戦争まで突入していく。それは新しい事態であると同時に、主権の論理で貫徹された古い側

＊「法の砂漠――カントと国際法の〈トポス〉」(『現代思想』一九九四年三月臨時増刊号・特集カント)

面も持っていた。とはいえ、突然、国際法が戦争の根拠になるということに、みんな呆然としたのが湾岸戦争だったのです。

ところが今回は、アメリカは、西谷さんが言われたように、反テロリズム戦争ということを言い出す。これはもう主権の論理じゃないわけです。「テロリズムの主体がもはや主権国家とは一致しないのだから、我々の反テロ戦争も主権の防衛とか尊重という論理とは別の論理を持たなくてはいけない」と言う。イラクについてもまったく同じことで、湾岸戦争のとき以上に、「イラクは国連決議を守らない」というアメリカの主張が言いがかりでしかないことは、世界中の人が知っている。湾岸戦争のときは、戦争に突入した段階では、イラクはクウェートを占領して併合を宣言していたわけだから、言いがかりとは言い切れない部分があったんだけれども、今回は明らかに言いがかり。しかも、イラクのほとんど隣に国連決議などまったく守らないイスラエルという国があるにもかかわらず、イラクだけがどうしてこんなことになるのか……

西谷　それだけじゃなくて、国連の安保理とイラク査察の最終合意が成立しても、それをアメリカが認めずに新しい決議を求めた。アメリカは国連の最終的な合意を無視しているわけだから、アメリカにとっては国連の手続きそのものが、もう戦争をするための口実でしかないというのが明らかになってきた。

鵜飼　シュミットが『大地のノモス』で言ったように、ウェストファリア条約とは「大地のノモス」「陸のラウム」から出てきたもので、いまだに国連はそのウェストファリア条約の延長上にある。イギリスとアメリカは「海のラウム」の帝国であって、まったく違う法の精神を持っているということが、違う歴史の局面で、あらためてあらわになってきている。

だから、ネグリ／ハートの帝国論がローマ帝国と今のアメリカという帝国のアナロジーをどこまで引っぱっていくのかというときに、ローマ帝国は基本的に地中海の権力で、海でもあるが、基本的には陸の権力だったのか、それとも地中海という海洋を支配することで帝国になったのかという問題があると思う。それはハイデガーが「ギリシアからローマに移った段階ですでに頽落が始まる」と言ったときに、その海洋性がかかわっていたかどうかという問題ともつながるでしょう。

さっきアーレントのことが触れられましたけど、我々が最初にアーレントに触れたころ、彼女は反スターリン主義の思想家でした。イタリアとドイツのファシズム体制、それと一国社会主義という形で存在していたソ連。この二つを全体主義というカテゴリーでとらえて、それに対して民主主義的な政治の構造を擁護する思想家として、アーレントは紹介された。それが九〇年代になって、『全体主義の起原』の第一巻「反ユダヤ主義」*で、少数民族の問題がヨーロッパの両大戦間期の決定的な問題だったことが指摘された。それと同時に『イェルサレムのアイヒマン』*で、ホロコーストのような経験のサバイバーの問題、それからそれを行なったのはどういう人なのかという問いが、あらためて戦争の記憶との関係で問い直された。同時にこの本はイスラエル批判の非常に鋭い論点も含んでいるので、ますます九〇年代、もう誰もが否認することができなくなったイスラエル国家の非道さを、一番近くで、最初に明確な形で認識した思想家としてのアーレントという認識が出てきた。この六〇年代、七〇年代の、彼女自身が生きていた頃に受容されたアーレントと、九〇年代に少数民族問題や戦争の記憶の問題で回帰してきたアーレントとの間には明らかに溝がある。しかし、それは少しまずいとどこかで思ってきました。アメリカの「全体なき全体

*アーレント『全体主義の起原1』（大久保和郎訳、みすず書房、1981）

*アーレント『イェルサレムのアイヒマン——悪の陳腐さについての報告』（大久保和郎訳、みすず書房、1994）

主義」としての世界支配の問題と、北朝鮮のような形で存在している「古典的な全体主義」、この二つのコンテクストがぶつかったところで今の事態が出てきている。今の状況をにらみつつ、今一度オリジナルな形でその全体主義というコンセプトを見直さないといけない局面にきているんじゃないかと思っているんです。

アーレントが呼び出されてきたもう一つの契機は民主主義の問題でしょう。いま、ドゥルーズ、ガタリ、フーコー、アルチュセール、それにネグリ／ハートのような思想家と、それからここでほとんど問題にしていない例えばハーバーマスなどたくさんの思想家がいますが、民主主義をどう位置づけるかということが一つの分水嶺になっている。民主制を最終的に規範的に考えるタイプの思想家と、民主制そのものが一つの支配の形態であり、民主制を超えた――かつての社会主義とか共産主義という形で言われた――ものに向けて問題を立てる思想家に分かれます。この後者のタイプの人たちは、今は体制としては代案を措定できないので、「構成的権力」という形でその問題を語っていこうとしていると思うのです。その二つの傾向の間にデリダがいて、彼は生き延びてしまったから、九〇年代以降、デモクラシーを語らざるを得なくなった。僕の知っている限り、フーコーもドゥルーズもガタリもデモクラシーの議論はほとんどしていない。逆に言うと、しなくてもよかった。だけど、九〇年代以降はせざるを得なくなる。ハイデガーは「世界規模の技術の帝国主義の時代に、それに見合った政治体制が民主主義であると確信していない」と、シュピーゲル対談で言っています。現在のアメリカのふるまいを見ると、民主主義が本当に積極的なものをまだ蓄えているのかどうか、ますます混迷が深い時代になっている。

宇野　ハイデガーはアメリカについても言っているよね。アメリカというのは、まだ未知の、定義不可能な何かなんだと。

西谷　ハイデガーにとっては、アメリカは触れなかったけど、三〇年代からずっと課題なんだよね。アメリカとソ連というのは同じものとして見えているから。

2 ルジャンドルと神話

西谷 じゃそれを受けて、ちょっと違う線を出してみたい。もちろんアーレントの読まれ方はこの時代を読み解くときの重要な手がかりであると思うけど、私には、時代の流れを、歴史のある期間を読み解くために違う軸があるんですね。それは、ダヴィッド・ルーセ*という三〇年代のトロツキストです。彼は二〇歳すぎの頃、フランスに来たトロツキーに心酔して反スターリン主義になり、ジャーナリストとしてとくに植民地問題に取り組んでいた。彼はユダヤ人で、レジスタンスで捕まって強制収容所に送られる。そしてそこから生還して、半年後に強制収容所に関する本格的な報告書を出した。『われらの死の日々』というんですが、その本について、ユダヤ人の連絡網や本を読んだ人から意見をもらったりして、ソ連にも同じ

*ダヴィッド・ルーセ（David Rousset, 1912-1997）

ようなものがあるということを知るわけ。それからは共産主義からちょっと距離を置いて、むしろ「強制収容所を持つような政治体制ってなんだ」ということを考え始めるわけです。それでソ連における強制収容所の調査を始める。五八年頃に「ルーセ委員会」というのを作って調査するんだけど、それに資金を出したのがＣＩＡ。そのためこの委員会は、報告を出したんだけど、アメリカのプロパガンダだとされて、とくにサルトルなんかに徹底的にたたかれて、ルーセの信用はがた落ちになったわけです。その後ドゴールに請われて代議士になったりしますが、彼がずっと何を考えていたかというと、冷戦構造をどうするると考えるんじゃなくて、冷戦構造を貫いている権力関係について考えていた。

例えば「六八年」の重要性を言うときに、あれは「挫折した革命」だというふうな言い方をされるけれども、あの運動の新しさは冷戦構造全体に対する反抗だった。これは酒井隆史さんなんかも言ってたね。六八年の主力は、日本だと「反スターリン主義」っていうけれども、ソ連の全体主義体制に対しての異議とアメリカ帝国主義に対する異議とが同時になされるわけ。六八年世代はそれを包括的に語る言葉をまだ持たなかったから、基

＊ボリス・スヴァーリンが一九二八年に『社会批評』という雑誌を始め、そこに寄稿した「黒い十月」が世界初めての強制収容所に対する告発の文書。スヴァーリン（Boris Souvarine, 1895-）＝キエフにかざり職人の子として生まれ、フランスに移住。社会主義系新聞のジャーナリストを経て、一九一九年にレーニンによって創始された第三インターナショナル（コミンテルン）の書記となった。二〇年のフランス共産党設立を指導。二四年のレーニンの死後、スターリン批判によってコミンテルンを、同時にフランス共産党を除名される。当時からフランスに民主共産主義サークルを作って、そこにバタイユやシモーヌ・ヴェイユを集めていた。

本的にはマルクス主義に依拠せざるをえなかったんだと思う。でも、そこにこめられたものを考えると、主権国家の二次的な構成というか、世界性をどう構成するかという、その構造に対する異論が確かにあったと思う。ダヴィッド・ルーセが抱えた問題は、そういうところにつながるんだよね。

例えば、イタリアの状況を見ていくと、六〇年代の国際テロ組織は、だいたいはＮＡＴＯやＣＩＡの下請けをやるか、ＫＧＢやワルシャワ条約機構の下請けをやるかという関係だった。西側のテロ組織の根本的なモチーフは反共。共産主義に対する憎悪があって、それが活動のモチーフになっている。国家権力をめぐる具体的な闘いというのは、だいたいそういうところと結びついて出てきている。その場合、さっきの民主主義の話とも関係するけれど、世界の敗戦国で自ら民主的にその国の体制を選んだ国はないわけ。ヤルタ体制で決められていた。だからイタリアで左翼パルチザンを基にした政権ができるかというと、それはあり得ないわけ。どこでも同じで、今のアフガニスタンのような形で政権ができている。「イラン攻撃」で言われる「日本モデル」というのも一定程度それと同じだね。

ところで、ソ連はああいう国家だったけれども、そのソ連国家のなかで、輝ける未来のために自分が死んでもいい、あるいは強制収容所に送られても「スターリンはわかってくれる」と思いこんで、自分の死は無駄じゃないと思って死んでいく人たちがつねに再生産されるという事態があったわけで、それを「ばかだ」と一言で片づけるのは、私としては耐えられない。ソ連という国が、一方でそういう人たちに支えられていて、一方でレーニン廟を作ってみんなで詣でる。そこである参加によって社会が成り立つという構造がずっとあったわけで、それがいかにして成されていたかというところに、当然共同体の問題がある。その共同体の問題と世代的再生産が個的な主体の形成と同時に社会の意識の形成としてどう行なわれていたかを考える手だてとしては、今のところピエール・ルジャンドル*なんだよね。そういう社会の再生産に関しては。

宇野　西谷さんの訳したジャン=リュック・ナンシーの『無為の共同体』*では共同体の問題が論じられている——共産主義はいったい共同体を問題にしたのか、コミュニズムはコミュノテを問題にしたのかという観点からでしたね。ルジャンドルはナンシーとまったく対立することを言っている。とくに神話に関してです。ナンシーははっきりと、共同体の形成の一つの

*ピエール・ルジャンドル（Pierre Legendre, 1930- ）＝フランスの法制史家で精神分析家。中世ローマ法の復興から近代の世俗的法制度を経て現代のいわゆるマネージメント社会まで、有為転変を経て継承されてきたヨーロッパ的法制度をあらゆる人間社会の成立に必要な主観的かつ社会的な規範的構成のひとつのヴァージョンとして捉え、西洋的規範システムを相対化するとともに、そこから構想される一般的規範性とその表象化の仕組みを「語る生き物」としての人間の生を可能にする「構造」として追究する「ドグマ人類学」の提唱者。邦訳に『ロルティ伍長の犯罪——「父」を論じる』（西谷修訳、人文書院、1998）、『真理の帝国』（近刊）がある。

*ジャン=リュック・ナンシー（Jean-Luc Nancy, 1940- ）＝デリダの盟友であり、現代フランスを代表する哲学者。『無為の共同体——哲学を問い直す分有の思考』（西谷修・安原伸一朗訳、以文社、2001）

必要条件として、神話から決別することを考えている。ルジャンドルは、国家的なものの基礎にある神話とその父殺しの問題に繰り返し帰っていくことが必要だという。そのような観点から、現在の経済主義的な国家観というか、それと一体の資本の論理を批判する。精神分析の根幹をなしている神話的な主体形成のプロセスを忘れることは、ものすごく危険なんだという形で、神話の再評価を強く勧めている。

西谷　神話の再評価というより、神話がどこまで機能しているか、神話を批判すること自体のなかに、どこまで神話構造が貫徹しているか、そのことに意識的でなくてはいけないと、私は読んでいます。

だから、ナンシーの発想とルジャンドルの関心はすごく違うけれども、こういう時代を生きている者にとって、どんな体制であれ、そこで生きていく人間のありようということを考えるとき、両方を考えてみないといけないと思う。そういうことで、ナンシーとルジャンドルが私のなかでは共存するんだけど……。

宇野　くっついておかしくはないと思うけど、二つを接続して一貫して考えようと思うとすごく苦しいことになるなと感じます。

西谷　最終的にどうなるかというと、ナンシーが哲学の自己崩壊をかけて哲学の限界まで出ていくというところで、両方の読者としては、ルジャンドルを置いといていいんじゃないかと思う。個人的に言ってしまえば、今の世界とか人間を考えるときに哲学だけではだめだと思っているわけ。

宇野　哲学ではだめだというのは、そうじゃないほかの学ということですか。

西谷　ほかの学ということではなくて、やっぱり哲学自体が持っている歴史的な規定性がある。あるいは哲学はヨーロッパときわめて深く結びついているから、それが世界化したときに変質する必然も当然ある。けれども哲学はつねに自分の規範に帰っていく。あるいは、それを再構成していく。その限りにおいて、哲学が今の多文化状況に開かれていくことは難しいんじゃないか。ただナンシーの場合は、とにかくその哲学の限界まで出ていって、そこから先は他に渡すというような姿勢があるように読み取れる。

宇野　ナンシーは共同体の問題を哲学的にしか論じられないんだよね。扱うテクス事例というものを持ち出すということさえもほとんどしない。

トもほとんど哲学のテクストだものね。

西谷　あくまで哲学。だから彼は非常に自覚的な哲学者だと思うんだけども。そうすると、哲学のディスクールが悲劇との関係でどうなのかとか、死との関係でどうなのかを考えたときに、そこでルジャンドルの言語、制度としての言語とか、それの構成力とか、そういうことに対するルジャンドルの考察が多くのことを教えてくれると考えているわけ。

宇野　その意味は僕もなんとか理解できるんだけど。それはやっぱり精神分析ととてもかかわりがあって、主体を構成する決定的な事件として去勢という問題を飛ばしてしまったら、倫理的な秩序としてもこの社会は崩壊するというわけでしょう。

現代の司法の問題と神話の問題と無意識の問題をああいうふうにくっつけて論じることができるというのは驚きでもあるし、まさにイデオロギーとしての西欧を実感するわけですが、同時にルジャンドルが9・11のことにインタビューで触れると、ものすごい反動という印象を与えるわけ。それは、父の権力を見失った子の状況であるというようなことになるわけですから。

西谷　彼には、今の欧米的社会とか西洋的人間を構成しているメカニズムを、徹底的に批判的に検討することを誰もやっていないということに対する、ものすごい苛立ちがあるわけ。だから、そのあおりで他のことも肯定しすぎる傾向はあります。

宇野　現在の司法は経営的、経済的な論理に侵蝕され、そこには倫理がない。主体についての考察がない。あるいは法を構成する起源的次元が視野に全然入っていない。その核心は神話にあるというわけでしょう。神話に戻ることが、そしてロルティ伍長を処罰することが、いわば現代の人間をそのまま治癒することになるというかのごとき主張でしょう。そういうすごく倫理観の強い思想家だけど。

西谷　いや、倫理などということをルジャンドルは言わない。制度性です。

宇野　だから、それこそまさに倫理なんだ。

西谷　そうではなくて、法の機能ということを意識とか社会の構成のなかに組み込んで考えるわけ。例えば彼は、「西欧的人間のファブリケーション」つまり「製造」といった言い方をする。「ファブリック」と言うことは、それを作る側の視点に立っているとも言えるけど、あらゆる人はそのファブリックに対して受動的にしかかかわれないわけだから、能動でもない。それが制度性であり、規範の問題、言いかえれば「構造」の問題なんだけれども、それは哲学や社会学には還元できない。

3 政治における嘘

鵜飼 アーレントの「構成的権力」の問題があり、ルジャンドルの神話の問題がある。別の言い方をすれば、ある意味で神話によって社会が定礎されて初めて真偽も弁別可能になるということですよね。

アーレントの『暴力について』*の最初に「ペンタゴンペーパー」を分析した「政治における嘘」という論文があります。ペンタゴンから出てくるベトナム戦争についての報告書が、諜報機関の報告すらねじ曲げて嘘の報告をしていたことを、アメリカのパワーエリートの合理性の倒錯という形で分析している論文です。そこで非常に面白いことを言っている——アーレントが例えば『人間の条件』*などで言う言葉による行為(アクション)の構成力、要するに政治的な空間を開くその力と、嘘というものは構造的

*アーレント『暴力について——共和国の危機』(山田正行訳、みすず書房、2000)

*アレント『人間の条件』(志水速雄訳、ちくま学芸文庫、1994)

に結びついていると。つまり、本当のことしか言わないときには、その基準は過去にある。しかし言葉によって政治的空間が開かれるということは、未来に向かって、これまでの現実から切れて言葉を発するということなので、その言葉の力は、嘘が可能であるということと構造的に結びついているんだと。

真偽の弁別可能性が重要であることは、ベトナム戦争のときに、アメリカ国務省の報告が次々に嘘であることがあらわになってくるのを契機にして、ベトナム反戦運動が盛んになっていったことでも明らかです。湾岸戦争になると、メディアによって、現地で、地上で起きていることは見せないという形になっていって、今のアフガン戦争に至るわけです。9・11の後、ラムズフェルドは、「今のような状態に置かれたアメリカ政府には嘘をつく権利がある」とはっきり言いました。その一方で、「サダム・フセインはいつも嘘をついている」という非難をする。

宇野　嘘という問題は、『千のプラトー』のなかでは「指令語」と訳したけど、要するに権力の言表にとっては、もう嘘か本当かということさえ重要じゃない。

西谷 それが、じつはドグマの問題なの。「定礎」とか「設定」というのは、すべてをそこから出発させるフィクションの問題です。だから「フィクションとしての法」と言いかえてもいいと思う。それが今、アメリカの権力というか、世界権力の言葉のありようとして露呈してきている。ベトナムのときには、次々に事実が明らかになるということは、アメリカの権力が対抗権力を持っていたこととも関係している。だから真実がつねに検証されるという可能性があったけど、今は検証される条件がない。そうすると設定した言葉が、嘘とか本当とか言われる必要のない、構成的な言葉として機能する。これは広告の言葉と同じです。「この洗剤、洗えばまっ白」という。まさにアフガニスタン攻撃の時のニュースは、そんなふうに機能していて情報が製造されていく。でもじつは、そこからは情報なんていっさい出てこない。

鵜飼 とくにロシア革命以降、政治的な経験のなかで自分が信じてきた政治的な信条が、あるときに嘘であることがわかると、だまされたという意識を持つ。それで転向したり、反共主義者になったりする。戦後の日本の政治思想は、「国家は嘘つきである」ということが原点だと思うんです。

吉本さんの思想でも、やっぱりそれが原点で、そこから幻想ということを考えていったりしたと思うんです。

一方でニーチェは、真か偽かということを唯一の基準にして考えると必ずルサンチマンが生じるということを示した。ニーチェの「いかにして世界は寓話になったか」という断章は今こそアクチュアルに読まれるべきです。この洞察をどう変形したら、この状況の政治的な分析として有効な理論が構想しうるのか。これはおそらく、「嘘」という言葉自体がまだ現状を分析するタームとしては粗雑すぎるということでもある。原理として、「嘘」というのは、嘘をつく主体があって、その主体は真実を知っていて、それとは違うことを言うことです。この図式においては、主体と意識と知ということを前提にされています。ところが現実には、そういうことを前提にしない言語活動、ドゥルーズの言う「騙り《ファブュラシオン》」の次元というものがある。そういうことを、この局面でどう効果的に考えられるか。そうしないと、不可知論で議論が終わってしまう。

この観点をアーレントがどれぐらい展開したかわからないけども、少なくとも「構成的権力」は、たんなる物理的な力ではなく、単純に真実か嘘かという人間的な図式ではとらえられないなんらかの言語行為と不可分なんだと思う。今のような時代に、アメリカから発せられる言説の形を、反面教師として、どう規定できるかを考えるべきなのでしょうか。

西谷　二〇〇一年の九月からの情況を見ていて、「なにをどうやって批判すればいいか」というときに、つねに考えてきたのはそういうこと。アメリカが言っているのは嘘だということではなく、アメリカが言っていることが通るとどういう世界になるのかということ。それに対して別の言葉でどんなふうに世界を語りうるか、構想しうるかということ。それを少し突きつめてやると、白黒はっきりしすぎているとか言われるんで困るんだけど。

ともかくアメリカの言っていることは、それはそれで納得できるわけ。ラムズフェルドの言っていることは一貫しているんだから。本当にウェストファリア条約なんて終わりなんだ、国連もいらない、と。むき出しの暴力が世界秩序を攻撃しているんだから、戦争の仁義も国際法もあったものじゃないという事態をラムズフェルドは正確に言っているわけ。ただ、そこに「善」とか「正義」とか持ちだすからいかがわしくなる。カール・シユミットが言ってますね——「戦争に関して人類とか正義とかいう言葉を振りかざしちゃいかん」「正義ということを言った途端に、みんながその正義に加担しなくちゃいけなくなる」それに「敵を人類の枠の外に追い出すから凄惨な殺戮になる」と。

鵜飼　敵としても認められなくなるということですね。

西谷　そう。彼はもともと「戦争に正義もくそもない」という考えだから。そういうことを前提でやれば、適当なところでみんな手を打つということになるとシュミットは言う。非常にシニカルに。

宇野　ダニエル・ベンサイードがこの間東京でアーレントを参照しながら言ったように、戦争が政治の手段であるどころか、政治の次元そのものを消滅させるような事態が進行している。さまざまな政治的手続きを取っているけど、じつは政治と自立し、断絶したある種の戦争機械が今までなかったような形で動き始めている。

鵜飼　その人間主義を持ち込んだが故に、クラウゼヴィッツからシュミットまでの「戦争は別の手段を用いた政治の継続である」という図式はひっくり返っちゃったわけです。

一〇年前の湾岸戦争でさえあ然としたのに、いまや「湾岸戦争のときは、冷戦のときは、まだまともだったけど……」というイントロで話が始まる。しかし、ハイデガーは、冷戦がすでに異常な事態であり、もう平和と戦争の区別はなくなったとはっきり言っていた。ドゥルーズ／ガタリも別のパースペクティブで同じことを言った。戦争と平和がはっきり分かれていた時代は、もうはるか後方なんですね。シュミットとハイデガーはキリスト教に対する考え方が違うけれども、つなげて考えると、ソ連もアメリカも人間性をそれぞれの仕方で我有化したが故に、戦争と平和の区別をなくしてしまったのだと言える。ヨーロッパの形而上学の一つの行き着いた果てに、そういう状態が出てきた。すでに冷戦がそうだったわけです。

4 アーレントの言葉の問題

宇野　僕にとってドゥルーズとフーコーを読んだ一〇年ぐらいの間に、結局彼らから何を受けとったか、振り返ってみると、彼らはもちろん言語、記号の問題に関して新しい認識をつくりあげていたんだけれども、六八年を頂点とする政治上の変化を必ずしもすぐに思想化したわけではなかった。その後『アンチ・オイディプス』*が書かれ、『千のプラトー』が書かれ、そこから浮かびあがってきたのは、言語次元にない政治——身体のレベル、ものと交錯するレベル、身体の組織というレベルにある政治でした。それは例えばミクロポリティックというような概念として表現された。しかし、それを、政治の次元をそのままエロスの次元として、身体の次元として考えるというところまで徹底したのは、ドゥルーズ／ガタリだと思う。フー

*ドゥルーズ／ガタリ『アンチ・オイディプス』（市倉宏祐訳、河出書房新社、1986）

コーの政治学的仕事も、結局その行き先は言語ではなくて、やはり監禁、収容という、ある人間の身体と別の人間の身体を分割する装置という形で身体次元の政治に目を向けさせたと思う。その身体政治学は、生政治学バイオポリティックスという形で、九〇年代に継承されたわけです。

じつは、アーレントにもバイオポリティックスってあるわけです。アーレントには、政治を自由の可能性そのもの、自由と不可分なものとして考えなければいけないという強いモチーフがあるけれども、それに対してもう一つのモチーフというのは、政治を生のためのものとして考えるということです。そして、それをめぐる逆説が出てくるということです。これはフーコーととても近いんだけど、生を守るためにその生を危険に脅かすものを抹殺するという悪循環が生まれてくる。『政治とは何か』で、アーレントがそれを生-政治学ととても近い文脈で指摘しているところがありました。これはとても衝撃的な一文だった。

そのような政治的なパラダイムをアーレントは初期からずっと持っていたけども、ドゥルーズやフーコーが提出した身体政治学という次元の仕事が一サイクル終わったところでも、アーレントのいちばん本質的なところは必ずしも見えてなかった。それは、これまでアーレントの問題が政治学、比較政治学みたいな——フランス革命とアメリカ革命の違いとか——そういう形で読まれていたからなんだね。『革命について』*や『人間の条件』の訳者のあとがきを読んでも、アーレントのラジカルさって全然伝わってこない。なぜかというと、アーレント政治学の構成的な次元を読んでなくて、構成された政治という次元にアーレントを置いて読んでいる気がする。そういう政治的発想の根源や限界の問題をアーレントに読めていなかったという感じがするんです。

　アーレントをこのごろ読み直して、面白いと思っていることは、例えば革命の分析をするときに、ビュ（目標）、ファン（最終目的）、サンス（意味）があって、三つ全部違うことだと言っている。政治的過程のさまざまな目標——自由であったり、安全であったり、平和であったりする目標が、どのような誤差や逆説を含んでいるかを考えようとしている。このときアーレントは、政治の内包する自己欺瞞より以上のことに触れている。それは言語としての政治という問題でもあるわけですが、最小限の政治的思考として、このような形で、このような分析が政治の構成的な次元について

＊アレント『革命について』（志水速雄訳、ちくま学芸文庫、1995）

加えられることが必要であろうと感じています。

それからもう一つ、アーレントで印象に残っていることは、砂漠のなかで政治的なものが見失われたときに出てくるのは心理学と社会学だという指摘です。そこで見失われるものは、あるパティール（受容）とアジール（能動）の能力そのものであるという言い方をしている。

さっき西谷さんは「哲学ってだめなんじゃないか」って言ってたけど、ヨーロッパでは、哲学が政治の周辺にあって、場合によってはソクラテスのような対抗的なマイノリティでいるような力関係にあり、一方ではヘーゲルのように国家の理論を作り出すという役割を担うところまでいく。こういうふうな思考をするアーレントを僕は政治学だけの思考と考えているわけじゃなくて、やっぱり哲学として考える。つまり、非常に素朴な形で根本的に考えられたこと、構成的次元で思考されたことがかなり役に立つ。哲学でなんとかなるとは思わないけれど、哲学がないといけないという感触はかなり持っているわけ。それが心理学と社会学に対する批判になるのは、心理学も社会学も、人間を社会的な条件にただ反応するものというイメージに依拠するしかないからです。受容し能動する人間は、受容と能動のあいだに潜在的次元をもつ。そういう次元で哲学はなんとか人を生きのびさせる思考の場だというぐらいに考えています。

西谷　アーレントがやったのは政治学だけど、一般的に大学なんかで行なわれている政治学とは全然違う。それは、政治についての知であって、一般の政治学が扱っているような領域とは全然違う次元として開いた。アーレントがそういうことをしえたのは、二〇世紀ドイツのユダヤ人とか、全体主義とか、アメリカ経験とか、そういう現実との交渉があってのことで、そういう意味では新しい知だと思う。それはアリストテレスから出てきているけれどね。

アリストテレスにとっては政治ってバイオポリティックスだよね。だって人間はゾーオンポリティコン（政治的動物）だっていうんだから。ゾーオンというのは生き物のことで、生き物が言葉を持ってしゃべるときにどうなるか。生きるということをどう現実化していくか。そういうことに関わる知や実践として、ポリティックが考えられている。アーレントはそれを踏まえている。そのポリティックがどこに開かれるかというと、普通のポリティックを構成しているものを一切消去したときに、生身の人々の差異がぶつかり合ってしまう。そのぶつかり合う関係こそが政治だ、というふうに逆転していって、僅少のところからというか、ないところを新しく開き直したんだと思う。本のタイトルは『政治とは何か』なんだけど、なにが政治かということよりも、アーレントは単純に「政治は間《あいだ》だ」と言ったら、それだけでも十分という気がする。

鵜飼　政治は、いま西谷さんも言ったように、言葉の起源をたどれば、ギリシア語なわけです。政治―ポリティック―ポリスと。アーレントのなかには一方で政治というレベルは厳密にポリスの問題として考えなければいけないということと、同時に彼女自身が東ヨーロッパのユダヤ人として抱えてきた、まさにポリスを形成できない民の隠された伝統がある。アーレントのなかのこのポリスに引っぱる力と、その隠された伝統へ引っぱる力とがうまくかみ合ったときに、一番いい仕事が出てくると思う。『人間の条件』の食い足りなさは、ベクトルがかなりポリス的な政治に一元化されている点にある。アーレントの本領は、もう少し違うところにあるんじゃないか。隠された伝統はなぜ政治化され得ないのかという問題があって、それがさっきの言葉の問題とつながるのだと思う。

公共空間で言葉で語ることとは、ただちにそれが現われるということだけではない。その言葉が現われることによって、同時に存在の光のなかから身を引くものがある。ある種の言葉によって公共空間を開いたり、そこで間《あいだ》において言葉で他者に語りかけることが、ややもするとヨーロッパの思想のなかでは暴力に対する唯一の代案と考えられていて、そこではアーレントからレヴィナスまで、ある共通の地盤があると思います。

アーレントは「言葉の外にだけ沈黙があるんじゃなくて、言葉そのもののなかに沈黙があり、秘密がある。そこから現れ出てくるものが保護されなければ、政治は政治にならない」と言っている。これを理論化することは、本当に難しい。ハイデガーが存在ということで語ったこともそうだろうし。フーコーもドゥルーズもデリダもそれぞれの仕方で、その周りを回っているような問題圏だと思う。政治というものが成立すると同時にそこから逃れざるをえないものがあり、それをあえてこれまでの言葉で言えば、非常に複雑な意味で「秘密」ということだと思うんです。

宇野　アーレントは晩年、さっき言ったように、目標、目的、意味というような形でなんらかの指標をつくり出そうとすると同時に、『政治とは何か』のなかで「政治学的な判断というのは指標のない世界だ」とはっきり言うわけです。指標なき判断というのはもしモデルがあるとしたら、カントの第三批判の美学的判断という問題に重なってくる。

それは『精神の生活』*という本で追求されたことでもありますが、そういうアーレントの側面があると同時に、さっきも言ったパティール（受容・受動）とアジール（能動・行動）の問題がある。パティールという問題というのは文学の問題でもあるし、それから政治の基礎の問題でもあるわけです。

鵜飼　パティールとアジールの間の偏差は、おそらく主体にとってさえ明らかではないようなさまざまな秘密を抱えるような形になっていくはずですし、それは、アーレントの仕事のなかで、本来的意味での政治学の仕事とさっき言った隠された伝統として語られているユダヤ的な経験にひきつけたものとの間の偏差として、つねに彼女のなかにある。

宇野　パティールというのは、例えば今でも日本人は人権の意識なんかものすごく低いし、自分の労働条件に抗議して、それを社会の問題として考えるとかそういうことはまれにしかない。いわば政治の問題にしえない。

＊アーレント『精神の生活』（上下巻、佐藤和夫訳、岩波書店、1994）

パティールはなくならない。それなのに、自分の生きている条件から他者性の問題や政治につながる回路がなぜこんなに見えなくなってしまったか。それなら昔のほうがあっただろうか。それは七〇年前後は確かに政治的な季節でもあった。政治的な表現や政治的な意識が濃厚にあった。遠い目標であったとしても、「革命」が一つの基準であった。自民党の政府があって、強圧的な警察権力があって、抑圧的な労働の場と共同体があって、そうじゃない世界をつくりたいと思った。そのとき、政治的な思考、政治というのは、本当はどう思考されただろうか。政府があって、権力があって……、とんでもない嫌な世界があるかぎり、まず何か政治そのものを破壊したかった。革命というのはむしろ非政治的な発想としてあった。

鵜飼 政治の終焉としての革命。

宇野 例えば、若かった人たちが四〇歳ぐらいになったときに、もし内部から少しずつ変えていくという持続的な政治の発想があって、それがもし集積していたら、もうちょっと活性化する社会を生み出せたのではないか。ところが、革命を夢想した後ではすっかりただ内部の人間になっていく。政治はいつも外にあったというわけです。もちろんこれは少なからず自分の話でもあります。これは政治を考えるのに大衆を日常を考えていなかった、というような問題では必ずしもありません。政治を考えようとしたのに、じつは政治を拒否していたという問題です。かつてもいまも続いているさまざまな運動を一刀両断にすることはできませんが、これは再考すべきことに違いないでしょう。

鵜飼　端的に言えば、フランスやドイツに比べてさえ、日本は、六八年、六九年の動きが制度としての政治のなかにインパクトを持ち得なかった。それでもう止めどもなくひどくなるという状態で、ここまで回ってきてしまっていて、もう本当に一人一人でその都度、自前で回路をつくっていくしかないことになってしまっている。

アーレントの思想のインパクトの一つは、先ほど言われたように、カントが入っていることでしょう。カントは、おそらくギリシア的なものとユダヤ的なものとの、ある種の媒介者としてアーレントのなかにあったんじゃないか。カントの『道徳の形而上学』*のなかに短いけれど深い友愛論があります。「友とは私の政治的な秘密を守ってくれる人のことだ」と。この友愛の政治性はアーレントの政治学のなかでは、どこに位置づけられるの

*カント『道徳の形而上学』＝『道徳形而上学原論』（篠田英雄訳、岩波文庫、1976）

か。公共空間の明るみのなかに出ていくということがある意味で目的論的に考えられているとすれば、この政治的秘密を守るという友愛は、まさにその政治性においてその空間から撤退したところにある。カントが暗に触れているのは、おそらく彼が無神論の嫌疑を受けるとか、そういう宗教的な問題も含めたことだったのでしょうが。

そこで、政治、非政治の境界にある抵抗という問題と、秘密という問題と、友愛という形で政治的な空間から身を引くような共同性ということが考えられると思うんです。それはブランショが考えた「明かし得ぬ共同体」*ということと、もろにつながることだと思う。このブランショからナンシーに受け継がれた、この共同体の思想と、それに対する一定の違和感の下にデリダが語る友愛の思想は、いま、政治ということを位置づけるときに、アーレントとともに取りあえずちょっと置いておきたい。

今はインターネット、住民基本台帳、情報公開の問題など、今まで秘密であったものがあらわにされていって、新たなコントロールの対象になる。こうしたことが同時進行的に起きているときに、新たな秘密の形態がまた生まれてきていると思うし、さっきの言葉のレベルの政治的な言葉が、そ

*モーリス・ブランショ『明かしえぬ共同体』(西谷修訳、ちくま学芸文庫、1997)。ブランショ(Maurice Blanchot, 1907-2003)=フランスの作家，批評家。その作品は、バタイユ、フーコーをはじめ多くの思想家・文学者に影響を及ぼした。

れ自体としては真実をいわゆる事実確認として伝えることはもはやないということを出発点として、どう政治的なるものを再考できるかということだと思うのです。

先ほど宇野さんが言われたように、政治的なものの外部というときには、すでにいま言ったようなことが含まれていたと思うし、そこでいわゆる政治ではないもう一つの政治ということを革命ということで目指したときには、いまある政治的な空間とは別の形で語れるということ。そして、別の形で語れるということは、別の形で私とあなたとの距離がもっと自由に設定し直せるということ、それらはすべて暗黙に含まれていたと思うのです。

5　身体の思考

宇野　酒井直樹さんの『過去の声』*の最後のほうに「舞踏術の政治」という一章があります。酒井さんの図式では、伊藤仁斎においてある種のポリフォニー、他者性の問題が江戸思想のなかに表われる。けれどもその後、日本の思想は本居宣長を経て身体化される。……政治空間が一種の舞踏術として編成されるというような言い方をしていた。それは、彼の日本批判、江戸のイデオロギー形成の批判でもあります。身体化はつねにそういう側面があると思うんです。本当は身体って非常に悪しきものであり得る。「器官なき身体」という言葉を読んだときの衝撃は、僕にはずっと続いている。身体といったら、有機的な統合性を持つ身体と、そうでない有機性を越えた連結のなかにある身体の両極において身体問題を見ることは最低条件だ

*酒井直樹『過去の声――一八世紀日本の言説における言語の地位』(川田潤他、以文社、2002)。シカゴ大学認定の学位論文の邦訳。

と思うんです。これは小林秀雄の問題でもあります。小林のなかでも、身体が予定調和的な最終概念になっていったし、今は、その調和的な統合性を前提として『声に出して読みたい日本語』*のような発想が出てくる。

鵜飼　自分にいちばん近いのが身体だという命題が、いまだに通じると思っている人が多いのでは。繰り返しそこに帰らざるを得ないんだろうけども、この数十年、さまざまな形で、身体が忘れられたことは一度もなかったと思う。

身体性とそうでないものというふうに分けられがちだけれども、例えばテクストという問題を考えたときに、バルトの『テクストの快楽』*は身体論ですね。テクストから我々が快楽や享楽を受けるだけではなくて、テクストそのものが身体のように快楽、享楽を感じているのでなければ、テクストが我々を誘惑したり、テクストから快楽を受けたりすることはないのではないかと言っている。

あの時代には、じつはテクストという問題設定と身体という問題設定が別々にあったわけではない。例えば、デリダの『弔鐘』*のなかで、ジュネのテクストは、恋人の身体と同じような、しかも、それは全体ではなくて、

＊齋藤孝『声に出して読みたい日本語』（草思社、2001）

＊ロラン・バルト『テクストの快楽』（沢崎浩平訳、みすず書房、1977）
バルト（Roland Barthes, 1915-1980）＝フランスの批評家、記号学者。『零度のエクリチュール』（1953、邦訳＝渡辺淳・沢村昂一訳、みすず書房、1971／『エクリチュールの零（ゼロ）度』森本和夫・林好雄訳、ちくま学芸文庫、1999）以降、構造言語学の概念を用いて、文学作品や社会現象など多彩な批評活動を展開した。

＊デリダ『弔鐘』（Glas, Galilée, 1974）＝鵜飼哲訳が『批評空間』（太田出版）に連載中。

つねに部分であるような身体として論じられている。もう一度バルトに引き返すと、バルト自身も自分自身のメタファーにまだそれほど確信がなくて、この身体というときに「どんな身体なのか」と自問している。フーコーが、ドゥルーズが、メルロ＝ポンティが語った身体もまた違う身体だし、ヴァレリー、ベルクソンからメルロ＝ポンティ、ドゥルーズまで一つのつながりはあるとしても、哲学史的な連続性はあるとしても、やはりそれぞれの哲学者が別の身体を語ろうとしたことがあると思うのです。しかし、日本の思想で身体性というときには、まず第一には近さということを言うために身体を持ちだすことが多かったと思う。

僕は、「器官なき身体」という思考の一つの大きな解放があった後で、まず身体を考えるときの原点は、身体のある部分は他の部分を同時には知らないということだと思う。自分の身体のなかでも膝と足の先では違うし、身体は点ではない。「左手のすることを右手に知らせるな」というイエスの言葉を文字通りに受け取れば、このメタファーが可能にするのは身体がアプリオリに一ではないという条件だと思うのです。逆に左の手がすることを右手が知ってしまったとたんに、すでに倫理は不可能だということさえこの言葉は示唆している。身体が一者ではないということが倫理の条件だということまで言われていると考えられる。

こういう問題設定は、近さのメタファーとして身体を持ってくるときには当然のことながら抹消されてしまう。ナンシーのように心臓移植した哲学者が語っている時代であるということを、我々はいつも考えなければいけない。身体が情動の場であるということと、いま言ったように身体が一ではないということを、同時に前提にして、身体の思考を実践しなければいけないと思うのです。

西谷　それですごく困るのは、身体ということを言い始めたとたんに、もうヨーロッパ的なディスクールのなかに身を置くしかない。だって普通は「ちょっと体の調子が悪い」とか、「体」と言ったときには精神と対にはならないでしょう。身体は精神と対だけれど。私もやるけれど、「身体」という言葉を使うときにじつは引っかかりがあるわけね。臓器移植の場合には、必ず「身体」という言葉を使いますね。これは技術の領域だから。そこには身体という概念しかない。そういう場合では、もう「体」のことは言えなくなってしまう。だとすると、身体を対象化して語るんじゃなくて、関係を言語化していくしかないという気がします。それをどう生きているかという関係を。

宇野　でも現象学は、まさにそういう発想で身体問題を開いていったわけでしょう。レヴィナスはマルセル*とか、ジャン・ヴァール*なんかを引いて身体論を始めるわけです。そのときは、現象学の枠組みを保って——知の本体は非知であるとか。意識の本体は無意識であるというふうに言う。それらを身体と名付ける——そういう定義の仕方をレヴィナスは踏襲しています。けれどもレヴィナスは、身体はまず第一の他者であるというふうに問題を移動させているところもある。第一っていうのは一番大事ということではなくて、とば口という意味でしょう。そこから身体問題がもっと複雑なものとして拡がっていきます。

＊ガブリエル・マルセル（Gabriel Marcel, 1889-1973）＝フランスのカトリック思想家。キリスト教実存主義といわれた思想を展開。主著『形而上学的日記』（1927）、『存在と所有』（1935）、『存在の神秘』（1951）など。邦訳に『マルセル著作集』（全9巻、春秋社、1970-1978）がある。

＊ヴァール（Jean Wahl, 1888-1974）＝フランスの哲学者。その研究はレヴィナスやドゥルーズによって高い評価を受けている。主著の『形而上学的経験』（1964、久重忠夫訳、理想社、1977）の他に『フランス哲学小史』（1946、紺田千登史訳、ミネルヴァ書房、1974）、『実存主義的人間』（1949、永戸多喜雄訳、人文書院、1953）など。

6 原罪と負債

バタイユと科学の視点

西谷 バタイユが『内的体験』*を組織立った本にできないから、崩れたままでもうこれでいいんだと出版して、それからどうするかというときに、科学の視点に移ります。それで一般経済学と銘打った『呪われた部分』*を書くようになる。それは内的体験のなかでは、自分とか身体とかを対象化できない次元になるから、「私」と発話もできないし、書くこともできない、じゃ、何が書くことを可能にするかというと、「私」が崩壊していったり消滅していったりすることを、火山にたとえて、火山の噴火を火口で眺める子供というものを想定して、これが内的体験における私の位置だと言

*ジョルジュ バタイユ『内的体験——無神学大全』(出口裕弘訳、平凡社ライブラリー、1998)
*ジョルジュ バタイユ『呪われた部分』(生田耕作訳、二見書房、1973)

うんですね。

でも次には噴火していることを、客観的な対象として見る視点は何なのかというと、これは「死の彼方の視点」。私である限り個であって、個である限り死のなかに閉じこめられている。死の手前に閉じこめられているわけだけど、そうではない視点に立とうと思ったら、死を越えていかないといけない。だから「死の彼方の視点」を確保しようとするわけ。それは科学の視線、バタイユの科学というのはそういうことだと思う。科学の視線というのは生と遊離するんですね。私は生きているかぎり、私の起源には遡れない。遡ったとしても、ウサギがカメに追いつかないみたいな、微分的無限しか出てこない。だから、そこを飛び越えないと『快感原則の彼岸』*みたいなものは書けない。ついでに言っておくと、『呪われた部分』というのは、『快感原則の彼岸』の焼き直しで、商品経済にリビドー経済を装填したようなものですね。

個体発生は系統発生を繰り返すいったようなことで言えば、ここに折りたたまれた時間は無限であって、その無限を伸ばしてみると、いつの間にか違う視点になってしまう。生誕の閾を越すというのは、死の閾を越える

*フロイト『快感原則の彼岸』(小此木啓吾訳、『フロイト著作集』第6巻、人文書院、1970)

のと同じで、そこに、主観に限定されない「科学の視点」がある。一人一人の、一個一個の個の生命というのは問題じゃない。ここに森があり、森のなかでは木が成長して倒れたりということが繰り返されているんだけど、森は森として扱われる。科学の視点というのは、そういう視点でしょう。そこに立ったときに初めて、人は経済だとか歴史を語れる。その視点というのは生きた人間の視点ではない。死んだ後の、名を刻んだ墓石の永続性かもしれない。でも、科学の視点というのは基本的にそういうものでしょう。身体も、そういう「退き」がないと分離できないと思う。でも、その「退き」にはフィクションがあります。そのフィクションの構造がどうなっているのか、それが何を可能にしているのかを考えなきゃいけないと思います。

宇野　バタイユはその「退き」をあくまで拒否する思想家になるわけでしょう。あるいは計算ということをもう絶対に拒否することになる。

西谷　それでも、その拘束から自由ではないから、「罪を償う」とかいう言い方をするんですね。

宇野　たとえ「退き」があっても、それがある種の定点として理性とか悟性という形で立てられることはないわけでしょう。まったく限界概念だよね。

西谷 非常に比喩的なんだけど、火山の火口に佇む子供って言ってる。

宇野 『ドキュマン』* のなかの親指を拡大した写真とか、あれは有機的な身体の否定でもあるわけだよね、調和的な、自己と分離しない形で存在する身体の否定でしょう。遠のきというか、なにか切断でもあるし、極端な変形でもあるし。身体の有機性の否定という意味では、ある種の「器官なき身体」の切り口が出ているとも言えるんだよね。でもバタイユというのは独特のエロティシズムという、自分の限界的な身体観をすごくはっきり持っていた人だから、たんに器官がなくなったっていうんじゃなくて、それはアルトーにももちろん言えるんだけど、ある種の彼岸の体感みたいなものがある。

西谷 バタイユは「ミミズにも内的体験がある」って言っている。それはそういう体感のことなんだよね。自己体感みたいな。

宇野 それからバタイユの『純然たる幸福』*（ル・ピュール・ボヌール）っていう形で酒井健さんがエッセイ集を日本語に訳したけど、「ピュール・

＊ジョルジュ・バタイユ『ドキュマン』（片山正樹訳、二見書房、1974）

＊ジョルジュ・バタイユ『純然たる幸福』（酒井健訳、人文書院、1994）

ボヌール」は、じつに新鮮な言葉ですが、あまりバタイユらしい言葉じゃない。僕らが知っている『エロティシズム』*以前のバタイユが言う言葉ではない。「ピュール・ボヌール」という言葉は、あれはやっぱりアレクサンドル・コジェーヴ*の読解、歴史の終焉問題をやっているわけだよね。歴史の終焉が「ピュール・ボヌール」だし、歴史の終焉ってなにかというと、やっぱり労働の終焉ということだよね。それは全然ユートピアとして言っていることじゃない。ある種の限界概念として言っているからこそ面白い、再考すべき概念なんだけど。あれは「侵犯」トランスグレッションとも違う。むしろ僕は、ふとドゥルーズのベケット論『消尽したもの』*なんかの方に近いんじゃないかって思ったことがある。

鵜飼　「ル・ピュール・ボヌール」は動物性でもあるよね。ニーチェを間に入れて考えれば。コジェーヴは日本はほとんど動物の国だと言っているのに等しいところがある。

宇野　バタイユの消尽（コンスュマシオン）という言葉と、ドゥルーズが言う「エピュイーズマン」というのは全然違う意味で、でもこれは「消尽」と訳すしかないと思って「消尽したもの」って訳したけど、『純然たる

*ジョルジュ・バタイユ『エロティシズム』（渋澤龍彦訳、二見書房、1973）

*アレクサンドル・コジェーヴ（Alexandre Koji'eve, 1902-1968）＝亡命ロシア人でフランスにおいて哲学と政治の分野で活動した。「精神現象学」講義（『ヘーゲル読解入門』上妻精・今野雅方訳、国文社、1987）でバタイユ、ラカン、メルロー＝ポンティなど戦後フランスの代表的思想家たちに多大の影響を与えた。

*ジル・ドゥルーズ、サミュエル・ベケット『消尽したもの』（宇野邦一・高橋康也訳、白水社、1994）。ベケットのテレビ放送用シナリオ四作品とドゥルーズのベケット論からなる。

幸福』を読んで、これはやっぱりどこかでつながるのかなとも思ったんです。

鵜飼　じゃ、ちょっとつなげましょう。最初に出てきた、資本主義の問題、大衆という考え方は吉本さんの場合、八〇年代以降、とくに大衆イコール消費者っていうふうになってきて、労働ということを中心にして問題を立てるのと全然違うと思う。マルクス主義では、ヘーゲル、マルクス的な考え方では、労働が人間の本質なわけだから、労働を中心にして歴史を考えるということは、歴史を人間性の実現のプロセスとして考えるということを意味していた。それでは、消費を中心にして人間をどう定義するか。要するに動物と区別してという問題は、純然たる幸福と消費資本主義の問題。

西谷　でも消費資本主義というのは、生産されたものを消費するという、あくまで商品を消費するということでしょう。だから、そこにバタイユの消費を重ねない方がいい。

鵜飼　バタイユの消費の概念ではないと思う。労働に対して消費というときに、同じような意味で、消費は人間の本質であるとは言い難いわけじゃない。

農業と他者起源

西谷　それと、消費資本主義で農業はどうなるのだということ。もちろん今、農業も完璧に工業化が進んでいて、農薬や遺伝子組替えで大規模生産をやるグローバル企業がアフリカなんかの農業を追い落としている。グローバル経済のなかでそういうことが進行しているんですね。また、農村では若い連中は「百姓をやるのはいやだ」と出ていってしまう一方で、有機農業なんかをやっていこうという連中も増えてきていて、おそらく農業というのはじつはいま重要な変動のエレメントになっていると思う。消費ということが人間の原理になっていくのは、インダストリーを前提にした世界観のもとでだと思う。その世界観や産業化の運動が全世界を覆ったときに、「生存の産業化が完成しました」という話になるんじゃなくて、むしろ、そこで産業化そのもののエピュイーズマン（消尽）が起こって、そこに生存の違う形が芽生えるんじゃないか、という方向で考えたい。

宇野　それが純然たる幸福？

西谷　いや、純然たる幸福はあり得ない。純然たる幸福というふうに描かれるのは、ある種の飽和状態、産業化そのものが生存圏を覆って飽和して、誰もがそこに眠りこむ状態。そうではなくて、産業化が抹消してきたものは、どんなに抹消しても消えない。というのも、インダストリーは人間が全部作り出すのではなくて、どこかから原料を持ってこなければいけない、必ず起源が外にあるということです。

鵜飼　「ゴータ綱領批判」[*]だね（笑）。労働だけが富の源泉ではないということ。

西谷　とくに、農業とか人間の食べ物というのは、そういう出口というか、外をつねに我々に突きつけてくる。人間が一から製造するわけではないから。だから、消費が原理になるかということには問題がある。

鵜飼　消費の人間化というプロセスが、ベジタリアニスムのような形をとったり、抑止の形がいろいろな形で出てくる可能性はあるし、それがうまくいかなければ、食べられないということにもなるのでは。

西谷　やっぱりハイデガーは両義的だね。シュミットが今の変貌していく世界のいろんなことを言い当てているように、ハイデガーが提起した問

＊マルクス『ゴータ綱領批判・エルフルト綱領批判』（マルクス＝エンゲルス全集刊行委員会訳、大月書店・国民文庫、1977）

題は今もあって、それを考えれば、彼はたんに反動的な思想家じゃない。

宇野　とくにテクネーという問題に関して。

西谷　そう、テクネーの問題に農業も入っているわけ。まさに、アグリカルチャーだね……。

鵜飼　カルチャーの起源だから。

西谷　おそらくそこら辺のことは、産業化が進んだが故に、きわめて見やすい形で出てきている。

鵜飼　これは「アフリカ的」だな。

西谷　吉本隆明は「アフリカ的」って言ったけど、*あれはヨーロッパの地理観念からすると、ヨーロッパが地球をジオグラフィケーションする、つまり地図を書いて名を付けて地理学にするわけです。その手続きのなかでアフリカと名付けられるというのは、これは基本的には、未開の非一神教的な農業世界。

例えば北アフリカとかを知っている人が日本に来て、仏教とか神道とかの教理の話じゃなくて、「お墓はこうなっているんだよ」とかいう話をすると「アフリカ的だ」って言うんだよね。要するに、確定された神というの

＊吉本隆明『アフリカ的段階について――史観の拡張』（春秋社、1998）

は死の管理をしない、つまり個と共同性とのつなぎをしない反面、世界では、そのつなぎというのはいろんな形で行なわれていて、そのやり方が一神教を一つのモデルとして見ると、共通に見えるらしい。「アフリカ的だ」と言われて、ハッとしたんですね。そんなふうにある関係のあり方の一つの類型として吉本さんは「アフリカ的」と名付けた。もちろん彼の場合、ヘーゲル＝マルクスの下敷きがあるけどね。

鵜飼　自分の経験としては南島の問題なんだと思うんだけど、それをヘーゲルと接合して、段階として語るときに「アフリカ」と言ったんですね。

宇野　吉本さんは大変に段階論者であって、原理的なレベルで、むしろ資本主義が進んでいくことが解放につながるという考え方だよね。そこでエコロジーなんかをずっと強烈に批判してきたわけだ。ところが、今は、生産上、労働上、消費上のいろんな軋轢問題、運動が全部、横断的につながっていて、消費が解放するのはただ一つの線分であって、吉本さんはそれを一時期、反共産主義というか、反スターリニズムとして、解毒剤みたいなところもあって、過剰にそのことをずっと指摘したところもある。けれども、エコロジーに比べて消費中心の論理がはるかに可能性があるとか、強力であるとかって全然思わない。むしろ今度は消費をめぐる矛盾が強まってくればくるほど、やっぱり消費に抵抗するエコロジーの意識は高まってくるし、エコロジー自体もいろんな形態をとってくる。そのなかにはやっぱり大きな枠組みのなかでマルクスも考えたような自然と人間の循環という問題が根深く横たわっている。

それと、ハイデカーが考えたように、テクネーというのは存在論の可能性を開く一つの鍵としてあって、しかもそれはいつもある種の危機を呼び込む。その点を若いマルクスも指摘したのであって、『経済学哲学草稿』*に書かれたことは決してたんにユートピア主義ではないと思う。テクネーはエコロジーにもかかわるし、存在論にもかかわるし、それから資本主義の問題にかかわる。だから、いろんな形でまだマルクスの自然論は参照し得るところがあると思う。そのような側面は、今は動物論という形でデリダでさえもさかんに問題にするようになったことと無関係ではないでしょう。

ジョン・バージャー*というイギリスの批評家がいて、マルクス主義者で、絵画論をやるときにマルクスを引用する。彼はテクネーとは言わないけど、美術の問題は結局、動物の視線を再発見すること。あるいは動物と人間と

*マルクス『経済学哲学草稿』（城塚登・田中吉六訳、岩波文庫、1964）

*バージャー（John Berger, 1926-）＝美術評論家として『イメージ Ways of Seeing—視覚とメディア』（伊藤俊治訳、PARCO出版、1986）、『見るということ』（笠原美智子訳、白水社、1993）。小説家として『G.』（栗原行雄訳、新潮社、1975）。脚本家としてアラン・タネールの映画『ジョナスは二〇〇〇年に二五才になる』（1976、スイス）などがある。

の関係を再構築することである。そういう問題として美術はあるんだと言う。そういう意味では、エコロジーの線分っていろいろあり得ると思う。つまりマルクスがそういう文脈のなかで読めるということでもあります。

西谷 エコロジーもある世界の造型というようなことを考えると、同じ枠組みのなかに落ちていっちゃうと思うのだけれど、さっき言ったように、人は自分の誕生に近づけない、起源はつねに外にある、単純に外にあるという、その出口、出口というか、袋の底が抜けちゃっているような状態を維持していく観点があれば、エコロジーも可能性があると思う。おそらく農業のことを考えるときに、いちばん大事なのはそういうことなんじゃないか。それは、広く言えば、存在の他者起源に結びつく。

宇野 ドゥルーズが『毛皮を着たヴィーナス』*を読み解いたマゾヒズム論*のなかで、ゼヴェリーンがさんざん女に痛めつけられ、その極致で牛のように枷をはめられ、鞭で叩かれ、鋤を引く場面に触れている。これは、農業にかかわるという、奇妙な指摘をしていました。ドゥルーズのマゾヒズム論は第二の誕生ということを大きなテーマとしています。父親なしに自分で生まれ直すということ。マゾヒズムって父親の否定なわけです。息

＊レオポルド・フォン・ザッヘル＝マゾッホ『毛皮を着たヴィーナス』（種村季弘訳、河出文庫、1983）

＊ジル・ドゥルーズ『マゾッホとサド』（蓮實重彦訳、晶文社、1998）

子と母親とで、もう一度自分を産み直す。世界を再構成する新しい生殖形態、新しい農業をつくりだそうという発想です。

鵜飼 単性生殖だ。

宇野 そのときに、農業がかかわってくることがとても大事なことだと思う。マゾヒズムとは性倒錯である以上に性を脱することである。男女の生殖によって決定されたセクシュアリティを脱する、あるいは快楽からさえも脱して、自分の身体を生み直すこと。それが農業の場面に接続される。

西谷 快楽さえも性からさえも開放されて誕生し直す。生まれることを鋳直すというか、そういう欲望ってどこからくるんだろう。

イマキュレイト・コンセプションと負債

西谷 テクノロジーは、とにかく誰でも使えるから、どこにでも入っていける。例えば宮古島のようなところでは、車なんかが入ってくると、「水の司」とか「土の司」とは別に、「車の司」ってできるんだよね。そういうふうにして取り込まれていって生活のなかに入ってくる。このようにテクノロジーはどこにでも入っていけるけれども、そのテクノロジーをどう使うか、どういう方向にテクノロジーを展開していくかは、テクノロジー自身が導くものではなくて、やっぱり人間の共同的な欲望が導くものだと思う。何がその方向付けをしているのか。例えば、今の生殖技術を見ていると、まず無痛分娩から始まって、試験管ベビー、遺伝子診断に。そして男も精子もいらないクローンへ。これこそイマキュレイト・コンセプションじゃないの。

なんでそんなにイマキュレイト・コンセプションが求められるのか。それはみんながイエスになりたいからというよりも、キリスト教の伝統の世界ならば誰もが知っているように、聖書の冒頭に書いてあるからだよね。そしてキリスト教によれば、人間は生まれながらに原罪を負っている。それがこの世のあらゆる苦しみのもとだと。その原罪というのは、最初にちょっと話したかもしれないけど、親がセックスして生まれたから、これがいけないわけ。その快楽はいいことなんだと思い始めると、神から罰を受ける。それに女の陣痛——子供を産むときの痛み、肉体的にもかなり過酷なことをするわけだ——それを罰として解釈するというのが、効いていると思う。

宇野　神学的な問題としては、やっぱり神であり、人であるという異常なキリストという存在につじつまをつけるための創造でしょう。人間から生まれるけども、普通の生殖によって生まれるのではない。新しい人間は新しい生殖によらなければならない。この新しい人間のイメージって、これはドゥルーズでさえも、新しいキリストって、メルヴィルの『バートルビー』*に関しても、マゾッホに関しても、あるいはD・H・ロレンスに触れても言っているわけじゃない。

西谷　だからフーコーにしても、ドゥルーズ、ガタリにしても、彼らの思想のあらゆる可能性というのを認めたうえでさらに言うと、そういう原罪を最初から刷り込まれていない人間まで、それに付き合う必要はないんじゃないか、というのがいつもあるんだよね。

宇野　付き合う必要はないけど、付き合うのはとっても難しい。

鵜飼　付き合うのはもともと難しい。原罪というのも、一つのバリエーションかもしれない。さっき西谷さんが言った農業のことで、自己の起源の他者性から生まれてくるある種の負債。それはより普遍的だと思います。

＊ハーマン・メルヴィル『代書人バートルビー』（酒本雅之訳、国書刊行会・バベルの図書館、1988）

西谷　「負債」と言うと、すでに重さがかかってくる。でも、「雨が降った、ああ恵みだ」って言うと、これは重さじゃなくて「ありがたい」ものなの。だから種があって、植物が自然に生えることを負債だと思うより、ありがたい恵みとして受け取った方が開放的になるんじゃないかという気がするんだよね。もちろん、そこをどういう概念で接ぎ木をするかということで、編成が変わってくるだろうけど。

鵜飼　僕はそこでアフェクトっていうことを考える。負債の感じ方というレベルで、すでに相当なことが起きちゃうんじゃないか。

宇野　いま、負債って言い出したのは原罪ということに関してですか？

鵜飼　要するに原罪が一つの起源の他者性。原罪も一つのバリエーションであるような負債。それはもちろん仏教にもある。前世で罪を犯すと因果ということになる。

西谷　仏教の因果という言葉は、キリスト教で言えば原罪にあたるのかな。

鵜飼　やはりそれはなんらかの次元であると思う。だからおそらく、歴史とか記憶という概念も、より普遍的には負債の構造だと思う。今の恵み、感謝をすること自体のなかに、なんらかの反応をするということのなかに……

西谷　「お腹空いたら、木の実が落ちていた。ありがたい」という……

鵜飼　でもそれは他者関係の起源なんだね。本当に他者関係の起源という意味で、自分の前に道があれば、その道を行く。そのこと自体が、道をつくった人に対する感謝にもなる。あらゆるカルチャー、文化というのはそこから始まる。「アメリカン・ウェイ・オブ・ライフ」に入ってしまうと、みんなアメリカ人に実践的に感謝してしまう。

西谷　それで、「高速道路を次の世代に残しておかなくちゃいけない」なんていう義務の論理をつくる。

鵜飼　そうそう。だから今の道路談議まで全部つながる。政治というのは恩を着せるという構造なしにはあり得ない。

西谷　それが今の我々が否定したい政治だね。アーレント的では全然ない。

鵜飼　だから政治の悲願は、その感じ方を変えるということでもある。天皇制の権力は、日本人の命はみんな天皇から賜ったもので、その恩を返すためにみんな死んでいくという構造。それはヨーロッパだけじゃなくて、日本にも厳然として「負債とその返済」という文化があるわけ。

西谷　その天皇制の構造は、やっぱり近代につくられた日本のナショナリズムでしょう。

鵜飼　近代に作られたんだけれども、今でも例えば日本の死刑制度について、森山法務大臣がＥＵの代表団の前で「日本にはヨーロッパと違う文化があって、悪いことをすると死んでおわびをするというのが日本の美風」なんて堂々と言うことがある。

西谷　じゃ、国家が死んでおわびをさせるわけだね。

鵜飼　そうそう。僕がこの話をしたら、ある韓国人が、どうして植民地問題や戦争責任で死んでおわびをした人がいないんだとたずねられました（笑）。この問いに対する答えは、その負債の文化が、ある種のヒエラルキーの再生産という回路のなかにしかないということではないか。ヒエラルキーの上の人間が悪いことをしても、下の人間に対して死んでおわびはしない。外にいる人間にいくら悪いことをしても、死んでおわびはしない。政治的な権力やヒエラルキーと、ある種の特殊な負債の文化は、切っても切れない関係にあると思う。
　教育でもそうですね。今や「仰げば尊し、わが師の恩」などという言葉は、笑い出さずには聞けないけれども、先生と生徒という関係がなくなってしまえば、あとはもう資本の論理しかない。それこそ消費するように教育を受けるしかないようなね。いろんな入口が文学や映画にもあると思うけれども、負債の感じ方を変えるということじゃないかな。借金して返せなくなると電車に飛び込んじゃうみたいな悲惨なありようは相当日本の特異性ですからね。ここで何かが変わらないと、日本の政治環境は変わらない。何かが起きると秘書が自殺したりとか。いまだにこういう死の文化と日本の権力構造は骨絡みだもの。

西谷　「負債」という言葉はあんまり使いたくない。「負債」というのはユダヤ・キリスト教的な言い方だと思う。倫理の経済学だね。日本語で言えば「何かのおかげ」とか「庇護の下」ということになる。そういう形で、それぞれの社会は、起源の外来性というか存在の他者起源みたいなものを何らかの形で表現する。つまり存在は他者に支えられることによってしか成り立たない。これは、シュミットの最初の考えに戻るんだけど、「ある法システムはその法の外の力によってでしか生まれない」という「構成的権力」の問題でもあると思う。
いま世界はたんに経済法学的なグローバリゼーションだけでなくて、本当に全地球的につながってきた。こういう時代に世界の再編成を迫る形で、「構成的権力」とか「存在の外部起源」をどう再編するかということが問われていると思う。いろんなテーマがいつもその問題に帰っていく。
宇野　イマキュレイト・コンセプションって、じつは「構成的権力」という問題でもあるんだ。
鵜飼　あらゆる政治体制の起源に罪があるということともつながる。

歴史の復讐

宇野　このごろナンシーの『無為の共同体』や小林秀雄の「歴史について*」を読み返してみて、歴史的なディスクール、歴史的な思考がなくなることはありはしないし、我々にはもっと必要だとも言えると思った。それと同時に、ニーチェやアーレントも言ってるけど、「歴史的なものは政治性を抹消する」、あるいは「歴史的なものは現在を生きることを阻害する」と

*小林秀雄『ドストエフスキイの生活』（新潮文庫、1964）の序「歴史について」

いうこと。つまり現在をイマキュレイトなものとして生きる能力というか、これは身体をただ与えられたものとして生きるかどうか、それでいいのかという身体性の問題でもある。アルトーが叫び続けたのもそういう問題でした。歴史が必要であるということと、歴史を拒否しなければいけないという両義性の問題にも重なります。小林秀雄も歴史についてまさにそういう問題を立てているんだけど、やがてそこになんら緊張感がなくなってしまう。

鵜飼　小林秀雄の場合、なぜか過去に向いちゃうんだよね。アーレント的に未来を開くという方向にまったくいかない。

宇野　起源についての思考が全然厳密にされていないからです。結局、歴史を越えて神話が戻ってきてしまうわけ。少なくともドストエフスキー論を書いたころの小林秀雄は、ロシアの歴史にさえも想像力をもち、ある種の緊張感をもっていたけど、戦後完全になくなってしまう。政治的思考から自己解放してしまう。

鵜飼　負債の問題は、いろんな意味で今の日本の置かれている歴史的な状況を考えるときに、大事なポイントだと思っています。今度の北朝鮮のことは、いろんなアスペクトがあるけれども、一つは反テロ戦争に乗じて、植民地賠償を迫っていた最後の国を屈服させる、ということでしょう。戦後、冷戦、そして中ソ紛争、さまざまな外の矛盾に乗じて賠償を放棄させてきた日本外交の戦後史が今度の平壌宣言でいわば完成するわけです。でも、視点をちょっと変えれば、これは全部、アメリカのおかげでチャラにしてきているわけ。しかし、アジアの人々はチャラにしたつもりはまったくないし、アメリカの方は日本がチャラにしたと思っている分は自分の方の貸方にしているわけです。じつは払わなかった借金が二倍になっているというのが、今の日本だと僕は思うのです。二倍になった負債は必ず返ってくる。

西谷　借金取りが許してくれない。

鵜飼　そうそう。それもいつ来るかわからない。「ニーチェ講義」*のなかでハイデカーが、「ドイツ人がヘルダーリンを正しく理解することができなければ、歴史が復讐するだろう」とナチズムの方向付けの問題で言っている。それはかならずしも北朝鮮や中国とか、ある国民国家や民族が復讐してくるのではない。おそらく思いがけない形で返ってくる。アメリカは

＊『ハイデッガー全集』第48巻『ニーチェ、ヨーロッパのニヒリズム』（薗田宗人、ハンス・ブロッカルト訳、創文社、1999）――一九三六年から四〇年までフライブルク大学で行なわれたニーチェ講義の一九四〇年夏学期分。

「アジアでチャラにした分は全部おれのおかげだ」と思っているわけだから、当然それだけのことを要求してきます。日本の政府がだらしがないからアメリカに従属しているんじゃなくて、戦後一貫してこの負債のシステムのなかで抑えつけられ、また自足してきた。アメリカが決定的に困った段階になっても、日本だけは言うことを聞くだろうと考える背景がここにある。

そのときに神経症的に「じゃどう返そうか」というのではない形で、「負債とは何なのか」という負債そのもののとらえ方、感じ方から変えていくにはどうしたらいいのか。一般に言われる「過去の清算」という言葉を超えて「なにがなし得るのか」というふうに問題を立てるべきだと思う。外務省の頭のなかではいかに賠償を逃れるかというだけで、自分たちのやっていることがより負債を増していることは否認している。ある時期に財政赤字が増えることが分かっていなかったのと同じことをやっているように見えてならない。「負債」という言葉を使ったのは、そういうコンテクストにおいてです。

西谷　私らはアメリカに恩返しをしようと思っている、「アメリカはどうしてだめなのか」ということを教えることで。できたらこれを英語に翻訳したらいいんじゃないかな（笑）。

鵜飼　いまアメリカは、日本だけじゃなく、ヨーロッパだってマーシャル・プラン*で立ち直ったんだとか、世界中から感謝されることはあっても、我々が批判されるいわれはまったくないという顔をしているわけです。

西谷　今のアメリカは二つの世界大戦が生んで、冷戦が成長させた。そうすると彼らの記憶にはマーシャル・プランがある。それからガリオア・エロア援助計画*があって、それで日本を民主主義国家につくり替えた。

鵜飼　まず日本に対して賠償も請求しなかったということね。

西谷　むしろ請求権を放棄して、日本国民を解放した。それが記憶にあるから、いま、あんな太ったマッチョになったときに、いろんな国にそうしてやればいいじゃないかというのが、いい加減な論理としてではなくて、アメリカのなかでは一貫した論理として出てくるんだよね。

鵜飼　だけど、日本人がとてもよく知っているのは、もはや今のアメリカは一九四五年のアメリカでさえないということ。だから日本にしたようなことは、もうどこの国にもできないということ。本当に民主化しようような

*マーシャル・プラン（ヨーロッパ復興計画）＝一九四七年アメリカ国務長官ジョージ・C・マーシャルが「ヨーロッパ諸国がヨーロッパの自立について合意するなら、アメリカはこれに援助を与える用意がある」と表明し、西欧諸国はヨーロッパ経済協力機構（OEEC）を結成してこれを受け入れ、総額一三〇億ドルが供与された。この計画は、アメリカの輸出市場を拡大させ、その影響力を強化させることになった。

*ガリオア・エロア資金援助＝第二次大戦後、アメリカが占領地に対して与えた援助。「ガリオア（占領地域統治救済資金）」は、占領行政の円滑化を図るため、占領地における疾病や飢餓などによる社会不安を防止するための援助資金。「エロア（占領地域経済復興資金）」は、冷戦に伴い、資本主義諸国の経済復興と強化のために、日本や韓国を対象として支出され、日本への援助は総額一八億ドルにのぼる。

んていう気はないんだから。

西谷　そうして見たら、我々のアメリカに対する恩は大きい（笑）。

宇野　日本人が、自分ではやらないような歴史や分析までちゃんとやってくれるしね。

（*2002/11/09*）

あとがき

倒錯的な「力の正義」——西谷修

一〇年ひと昔と言うが、わが身を振り返れば一〇年で何ほどのことができるかはおぼつかない。あっという間である。自分の考えや仕事は遅々として進まないのに、世界の方がどんどん進んでいってしまう。だが、そんな思いさえ吹飛ばしてしまうほど、この一年余りの世界の変動はドラスティックだった。

二〇世紀とともに「戦争の世紀」が過ぎ去ったのではなく、冷戦後、唯一のスーパーパワーとなったアメリカは、その軍事力を平和な秩序の守りとするのではなく、自国の圧倒的優位を独占的に維持するために、新たな世界大の戦争（「テロとの戦争」）を作り出す挙に出たのである。

このスーパーパワーをいかに活用するか、西洋の近代が特異な経緯で生み出した「人工的」なこの国家の権力者たちは、以前からそれを周到に考えていた。一九九七年に発表された「アメリカ新世紀プロジェクト」というグループの宣言がある。* ディック・チェイニーやラムズフェルド、ポー

* http://www.newamericancentury.org/statementofprinciples.htm

ル・ウォルフォヴィッツ、ジェブ・ブッシュやフランシス・フクヤマといった、現在「ネオコン」と呼ばれてブッシュ政権の中核を固める面々が署名するこの宣言は、超大国のさらなる軍事力強化を訴え、アメリカ的価値やその国家的利害に敵対する体制への対抗を掲げて、「わが国の安全、繁栄、諸原則に友好的な国際秩序を維持し拡大するという、アメリカの無比の役割を責任をもって担わなければならない」と謳っている。

まさにそのような構えがアメリカ国家への反発を生むのだが、今ではどんな国家もアメリカとことを構えることはできない。だからこそ、どこでも政府はアメリカの政策に追従することになり、それがまた民心との乖離を引き起こす。そして生じる欺瞞や抑圧が、またもやアメリカへの反発を増幅し、政府とは別の闇の勢力に吸引力を与えることになる。

アメリカ政府は危機を訴える。テロリストたちはいつ生物兵器や核兵器で攻撃してくるかわからない。危険は迫っている、と。そうして危機感を煽ることで、アジアや中東地域への軍事行動を正当化しようとする。けれども、ひとつの攻撃が、たとえばイラク攻撃が、さらなるテロリストを生み出すことになるだろうとは誰もが予想する。するとそれに備えるためとして、空前の軍事大国であるはずのアメリカは、さらなる軍備増強を図ろうとする。だが一方、軍事行動によって守られるはずのアメリカ社会では、人びとが顕在化しないテロに脅え、イラク攻撃を控えてドアや窓の目張りのためにガムテープを買い込み、ディスコの諍いで催涙スプレーが撒かれれば、すわテロかと入り口に殺到して、多くの圧死者を生み出す状況だという。

けれども、この事態を滑稽だと笑えないのは、アメリカの指導者たちがそのヴィジョンを本気で追及しているからである。彼らは自ら煽り立てている社会の脅えを後ろ盾に、圧倒的な量と最新技術兵器による「敵」の殲滅を夢見ている。そして一日数百発打ち込まれる予定というトマホーク・ミサイルの向こうでは、またしてもなすすべもなく大国の意に翻弄され踏みにじられる人びとの膨大な死と流謫が演じられることになる。

戦争と平和、抑圧と自由、正義と独善、あらゆる言葉の意味は反転させられる。そして「戦争の世紀」が煉獄のなかで鍛えてきたあらゆる思想や教訓は、すべてこの倒錯的な「力の正義」によって反故にされようとしている。そのとき、言葉や思想には何ができるだろうか。

(2003/02/22)

ニュー？──鵜飼哲

生の偶然によって、すでに身につけてしまった感受性や思考の習慣から、心を、体を、どのように振りほどくべきか？　三回の討議を振り返り、論じられた多様な主題を通して、私たちは、各自、この課題と格闘していたのだと思う。対話者と向き合うことを通して、〈9・11〉以後のこの世界、イラク攻撃開始直前のこの時代と向き合うために、それこそが求められていたのだと思う。

もとより完全に果たしうる課題ではない。しかし、この世界、この時代、そしてこの対話者が与えられていなければ、試みがいっそう不首尾に終わったことは確実だ。

「アメリカ問題」は反復の問いである。『想像の共同体』*でベネディクト・アンダーソンが強調したように、アメリカに移住したヨーロッパ人たちは、この地に故郷を複製しようとした。ニューヨーク、ニュージャージ

*アンダーソン『想像の共同体──ナショナリズムの起源と流行』(白石さや・白石隆訳、NTT出版、1997)

ー、ニューハンプシャー、ニューオーリンズ、これらすべての「ニュー」の逆説は、「新」が語られるあらゆる場合同様、それが反復の記号であることだ。

今、われわれは、本当のところ何を恐れているのか？　アメリカがその習慣を脱することができず、合州国の創設と「同じ」破壊行為を、テクノロジーの現在的水準で、世界規模で強迫的に反復することか？　それとも、その反復を通じて世界が、まったく未知の岐路に、どんな「新」も名指しえない、したがってそれ自体「アメリカ」的ではない、ある怪物的な差異に直面していることか？

現在の危機の後、戦争が起きても起きなくても、アメリカも、イギリスも、ヨーロッパも、国連も、もはやこれまでと同じではありえない。他の常任理事国の拒否権がアメリカにとって阻害でありうることが認知された以上、国際法のこの制度はその限界に移行した。他方、国連の承認なき武力行使の可能性は、ブッシュとブレアが戦争犯罪人として裁かれる日を、その日の国際司法裁判のあり方を、この戦争に反対する世界中の人々にすでに夢見させている。

これらの問いはみな、今日なお潜勢的なままだ。しかし、これらの潜勢的な問いは、今日、例えば日本の国益なるものを基準に「現実的」とみなされているどんな答えよりも現実的である。現行の国連秩序と日米安保体制が非和解な矛盾の局面に入ったことを否認することしかできない人々がほとんど自動的に返す答えが、今日以後、現実的であることはありえない。私たちがたどり着こうとしたのはこの現実性の水準である。私たちが語ったことはみな、この水準における検証を求めている。

(2003/03/03)

「未知の自由空間」から——宇野邦一

帰還する直前のスペースシャトルが爆発してしばらくの間、私はなぜか宇宙ステーションに残っている宇宙飛行士たちのことを考えた。夢にも見た。スペースシャトルがしばらく飛べないため、彼らは予定通りには帰れないだろう。もちろん別の宇宙船がうちあげられて彼らは帰ってくるだろう。ソヴィエトが崩壊したときの政治的動乱のさなかでは、しばらく宇宙飛行士の帰還の見通しが立たないことがあった。地上とは高度な技術で、たえまなく精密な情報のやりとりが行なわれている。彼らの心身の状態も、精密に把握され管理されていただろう。しかし、いつ帰れるか、地上で何が起こっているか見えないまま、荒涼とした宇宙空間を旋回し、地球と対面し続けている。私の頭の中で旋回し続けていたのは、こういう精密に管理された体制と、彼らのおかれた、あてどのない状態との奇妙な不均衡であったのだろうか。

いま私のいる部屋は、どうやら地上を浮遊したりはしていない。

この対論を進めていくことは、私の一九七〇年前後からの経験や想念をたどりなおし、同時に、自分と他者、日本、世界、自分の言葉と心身のつながりを考え直すようなことであった。必ずしもそれをそのまま言葉にしたわけではないが、アメリカをめぐる時局について考えることの意味を、アメリカについて考えながら同時に考えざるをえなかった。

私にとって、鵜飼哲さんと西谷修さんは、同時代に「思想する」ことにおいて、いつも敏感でしなやかなパトスをそなえ、そのパトスにもとづいて人々の思考停止を批判し、新たなベクトルを放つという点で、大きな信頼をよせてきた二人である。それゆえ、この対論においては、共感や意見の一致を求める必要は少しもなく、むしろ自分の思考が立ち止まり、立ち往生するような点にこだわることになった。二人で話しているとき、人は二人の間の差異を楽しんだり、煩わしく思ったりして話をしていくわけだが、三人のときは、三人の間と、三組できる二人の間の差異の差異をさらに計量し、衝突させながら話すわけである。私はひどく基礎的なことを言っているが、このことを無視するなら、政治的な思考は、ただ力関係だけが働く場になる。この対論が何を生み出したか、まだ分かっていないが、議論の内容だけでなく、展開された過程自体が興味深いものだったと思っている。

昨日、モーリス・ブランショの訃報に接した。彼の『明かしえぬ共同体』*の末尾はこの本のエピローグになるかもしれない。「現在という時間、それは未知の自由空間を開きながら、私たちを新しい関係に対して責任あるものとする。この関係は、私たちが〈活動〉と呼ぶものと〈無為〉と呼ぶものの間で、たえず脅かされ、たえず待望されている」。私の夢に、ブランシヨはあの宇宙飛行士となって現われるかもしれない。

*ブランショ『明かしえぬ共同体』（本書一七九ページ参照）。

（2003/02/26）

著者略歴

西谷　修（にしたに　おさむ）
1950年愛知県生まれ。東京大学法学部卒業。パリ第VIII大学留学。研究分野は、戦争論、世界史論、ドグマ人類学、フランス現代思想など。現在、東京外国語大学大学院教授。著書に、『不死のワンダーランド』（講談社学術文庫）、『原理主義とは何か』（河出書房新社）、『離脱と移動』（せりか書房）、『戦争論』（講談社学術文庫）、『世界史の臨界』（岩波書店）、『「テロとの戦争」とは何か――9.11以後の世界』（以文社）など。

鵜飼　哲（うかい　さとし）
1955年東京都生まれ。京都大学卒業。研究分野は、フランス文学、現代思想など。現在、一橋大学言語社会研究科教授。著書に、『償いのアルケオロジー』（河出書房新社）、『抵抗への招待』（みすず書房）、『原理主義とは何か』（河出書房新社）など。訳書に、デリダ『友愛のポリティックス』（みすず書房）、ジュネ『アルベルト・ジャコメッティのアトリエ』（現代企画室）、ナンシー『主体の後に誰が来るのか？』（現代企画室）など。

宇野邦一（うの　くにいち）
1948年松江市生まれ。京都大学卒業。パリ第VIII大学にて博士号取得。指導教授はジル・ドゥルーズ。研究分野は、フランス文学、現代思想など。現在、立教大学法学部教授。著書に、『意味の果てへの旅』（青土社）、『D―死とイマージュ』（青土社）、『アルトー――思考と身体』（白水社）、『他者論序説』（書肆山田）、『ドゥルーズ流動の哲学』（講談社選書メチエ）、『反歴史論』（仮題、せりか書房、近刊）など。

アメリカ・宗教・戦争

2003年3月28日　第1刷発行

著　者　西谷 修、鵜飼 哲、宇野邦一
発行者　佐伯 治
発行所　株式会社せりか書房
東京都千代田区猿楽町2-2-5　興新ビル303
電話 03-3291-4676　振替 00150-6-143601
印　刷　信毎書籍印刷株式会社
装　幀　工藤強勝

ISBN4-7967-0247-4